Marion Jentzsch

Süßer Bodensee

Marion Jentzsch

Süßer Bodensee

Die schönsten Cafés –
die originellsten Kuchenrezepte

Silberburg-Verlag

Marion Jentzsch wurde in der Nähe von Offenburg geboren und lebte über 20 Jahre in Heidelberg, wo sie Kunstgeschichte studierte. Ihre Liebe galt jedoch nicht nur der Kunst, sondern von früher Kindheit an – neben dem Fotografieren – vor allem dem Backen. Das Sammeln und Kreieren von Rezepten, die Umsetzung am eigenen Herd und der leidenschaftliche Besuch von Kaffeehäusern machen sie zur Expertin in Sachen Kaffee und Kuchen. Von ihr sind bereits Kaffeehausführer für den südbadischen Raum und für die Rhein-Neckar-Region erschienen.

Alle Fotos Marion Jentzsch mit Ausnahme von:
S. 24 Bodensee Bonbon Manufaktur, Eigeltingen
S. 43 Florentine, Meersburg
S. 45/46 Schlosscafé Mainau
S. 61 Thilo Müller, Tübingen
S. 82 Betznauer Bauerncafé, Kressbronn-Betznau
S. 99 Café Götze, Bregenz
S. 106 Café Schallert, Höchst
S. 126 Seecafé, Gottlieben
S. 143 Strandcafé Mettnau, Radolfzell-Mettnau
S. 165 Museums Café, Reichenau

1. Auflage 2014

Umschlaggestaltung: Anette Wenzel, Tübingen.
Coverfotos: © Marion Jentzsch und © Vadim Yerofeyev – 123RF.
Druck: Grammlich, Pliezhausen.
Printed in Germany.

ISBN 978-3-8425-1335-8

Besuchen Sie uns im Internet
und entdecken Sie die Vielfalt unseres Verlagsprogramms:
www.silberburg.de

Inhalt

Süßes am Untersee *125*

Rezepte *160*

Cafés am Bodensee

Bodensee

Die Dörfer sind wie ein Garten.
In Türmen von seltsamen Arten
klingen die Glocken wie weh.
Uferschlösser warten
und schauen durch schwarze Scharten
müd auf den Mittagsee.

Und schwellende Wellchen spielen,
und goldene Dampfer kielen
leise den lichten Lauf;
und hinter den Uferzielen
tauchen die vielen, vielen
Silberberge auf.

Rainer Maria Rilke (1875–1926)

So hat Rilke vor rund 100 Jahren den Zauber des Bodensees beschrieben. Wer ihn heute besucht, stellt gewiss fest, dass sich manches verändert hat. Er ist sicher nicht mehr nur die Idylle, die er in Rilkes Augen war – man denke etwa an die in der Hauptsaison völlig verstopften Straßen. Doch ist noch viel Idyllisches und Liebenswertes geblieben. Die vielen Tagesgäste und die knapp 1,5 Millionen Besucher, darunter mehr als 600 000 ausländische Gäste, die 2012 allein auf der deutschen Seite des Sees übernachteten, sprechen eine deutliche Sprache für die Anziehungskraft, die der Bodensee auch heute noch ausübt. Er ist tatsächlich ein großer Tourismusmagnet geblieben und zwar mit steigenden Besucherzahlen.

Dafür gibt es viele Gründe: Zunächst die schöne Landschaft mit ihren zahlreichen Sport- und Erholungsmöglichkeiten. Dem – auch sportlichen – Naturerlebnis steht das kulturelle Angebot kaum nach. Man denke nur an die Konzilstadt Konstanz mit ihrer Universität, an die Insel Reichenau mit ihren Kunstschätzen, die heute zum Welterbe der UNESCO gehört, an Birnau, an Lindau mit seiner historischen Altstadt, an Bregenz mit seinen Festspielen oder an das am Ausgang des Untersees gelegene Stein am Rhein mit seinen Fassadenmalereien.

Natürlich spielt auch die Gastronomie für den Tourismus am Bodensee eine wichtige Rolle. Das kulinarische Angebot der Bodenseeregion bietet für jeden Geldbeutel etwas und zeichnet sich durch die Qualität und Frische seiner regionalen Produkte aus. Außerdem ist die einheimische Esskultur hier von einer großen Vielfalt geprägt, wie man sie kaum woanders findet.

Am Bodensee treffen badische und bayrische auf schwäbische Küche, Mehlspeisen aus Österreich stehen neben hochwertiger Schweizer Confiserie. Ideale klimatische Bedingungen lassen zudem Obst, Gemüse und Wein reichlich gedeihen, Kühe finden saftige Weiden. Besonders die Insel Reichenau ist für ihr Frühgemüse aller Art und für ihre Obstgärten mit süßen Aprikosen, saftigen Pfirsichen, Zwetschgen, Kirschen, Äpfeln und Birnen bekannt. Diese finden sich natürlich als aromatische Obstbrände auf den Getränkekarten wieder, aber im gleichen Maße auf den Speise- und Dessertkarten der Restaurants und vor allem im Angebot an süßen Verführungen von Cafés, Konditoreien und Bäckereien. Ob Sahne- und Cremetorten nach deutscher Konditorenart, Apfel- und Zwetschgenkuchen, Schweizer Wähen und Schokolade oder österreichische Strudel: Schleckermäuler kommen am Bodensee garantiert auf ihre Kosten.

Die süße Reise, auf die ich Sie mit meinem Buch mitnehmen möchte, führt Sie rund um den Bodensee: Im deutschen Bodenseeabschnitt nach Baden und Schwaben, in Wasserburg und Lindau nach Bayern, im Osten ins österreichische Vorarlberg und am südlichen Ufer in die Schweiz. Den Hauptteil nimmt logischerweise das deutsche Bodenseeufer ein, da es flächenmäßig am größten ist. Von den 273 Kilometer Uferlänge, die der Bodensee aufweist, liegen 173 Kilometer in Deutschland, 28 Kilometer in Österreich und 72 Kilometer in der Schweiz. Auch was die Bevölkerungszahlen angeht, dominiert der deutsche Bodenseeanteil. Mit knapp 80 000 respektive knapp 60 000 Einwohnern weist er mit Konstanz und Friedrichshafen nicht nur die größten Städte auf, sondern auch die meisten der touristisch geprägten Ferienorte.

Trotz dieser flächen- und bevölkerungsmäßigen Dominanz des deutschen Seeanteils gibt es große Gemeinsamkeiten mit dem Schweizer und dem österreichischen Bodenseeabschnitt. Wie die oben genannten Einwohnerzahlen zeigen, ist das gesamte Bodenseegebiet klein- bis mittelstädtisch, ja zum Teil sogar dörflich geprägt. Zwar gibt es hier und da industrielle Strukturen, doch dominiert mit wenigen Ausnahmen im ganzen Bodenseeraum der Gemüse-, Wein- und Obstanbau. Zugleich spielt auch der Tourismus eine gewichtige Rolle. Da größere Zentren fehlen, verteilen sich die Touristenströme auf viele Orte, die trotz hoher Besucherzahlen auch in der Hauptsaison oft noch beschaulich wirken.

Diese Gemeinsamkeiten gelten auch für das touristische Basisangebot. Baden, Ausflugsfahrten mit der Bodenseeflotte, Wandern, Radfahren und in den letzten Jahren der Wellnessbereich gehören neben der Nutzung des kulturellen Angebots zu den Hauptaktivitäten des durchschnittlichen Bodenseetouristen, der sich altersmäßig im mittleren Lebensabschnitt, also um die 45 bis 50 Jahre, bewegt und oft mit der Familie anreist. Alleinreisende sind dagegen laut Statistik eher selten.

Das Angebot an Cafés, die sich in der Bodenseeregion auf sowohl deutscher als auch Schweizer und österreichischer Seite finden, spiegelt in gewisser Weise das Profil des »typischen« Bodenseetouristen wider. So finden sich kaum ultramoderne Coffee-Bars, trendige Coffee-Shops oder systemgastronomische Betriebe wie *Starbucks* oder *The Coffee Store*, die als Chillout-Areas auf jugendliches Publikum und schnellen Durchlauf ausgerichtet sind. Charakteristisch für die Cafélandschaft am Bodensee ist das gute alte Traditionscafé, das sich weitgehend an die allgemeinen Geschäftsschlusszeiten hält und auch sonst kaum aus dem Rahmen fällt. Zwar haben sich die meisten dieser Häuser mittlerweile eine Mittagskarte zugelegt oder sich in rührige Ganztagsbetriebe verwandelt, doch fehlen im Gegensatz zu der für eine Großstadt typische Cafélandschaft die oben erwähnten trendigen Neuerungen. Dafür gibt es hier im Hinterland wenige Kilometer von den touristischen Rennstrecken entfernt oft bäuerliche »Nebenerwerbsbetriebe«, die neben Obst und Gemüse auch Kaffee und hausgemachten Kuchen servieren.

Eine weitere Besonderheit der Bodenseeregion sind die vielen an der Flaniermeile gelegenen Hotels, die den vorbeipromenierenden Besuchern nachmittags ebenfalls Kaffee und Kuchen anbieten, auch wenn er nicht immer aus der eigenen Backstube stammt. Da diese ohnehin von jedem Touristen leicht zu entdecken sind und obendrein in den meisten Reiseführern erwähnt werden, habe ich auf diese Adressen weitgehend verzichtet.

Das Ziel meines Buches ist es vielmehr, Ihnen eine kleine Auswahl an Cafés vorzustellen, die zwar bodenseetypisch sind, aber gleichzeitig auch

auf die eine oder andere Art den üblichen Rahmen sprengen und auf die Sie vielleicht nicht unbedingt selbst stoßen würden. Neben diesen Cafés habe ich auch einige Chocolaterien und Kuchenkauftipps aufgenommen, insofern sie in irgendeiner Weise ein bemerkenswertes Angebot besitzen.

Zuletzt noch ein Wort zum Angebot an Speiseeis, das ja im Grunde genommen zu den süßen Köstlichkeiten einer jeden kulinarischen Palette zu zählen ist. Obgleich die Dichte der Eisdielen in der Bodenseeregion angeblich selbst in Italien nicht übertroffen wird, habe ich mich auf das Eisangebot der jeweiligen Cafés beschränkt, da eine detaillierte Aufnahme der Eisdielen in mein Buch den Rahmen eines Kaffeehausführers gesprengt hätte.

Meine Auswahl

Naturgemäß haftet jeder Auswahl etwas Subjektives an, wie zum Beispiel ein von Person zu Person verschieden empfundenes Wohlgefühl, das sich beim Besuch eines Hauses einstellt. Doch gibt es auch Kriterien, die weniger subjektiv sind. Dazu gehören die Qualität des Angebots, die Stimmigkeit des Konzepts, das Ambiente der Gasträume, das Engagement und die Freundlichkeit der Betreiber, der Service und die Lage des jeweiligen Hauses.

Zur schnellen Orientierung finden Sie zu jeder Adresse einige Hinweise unter den Rubriken *Das Besondere, Stil & Stimmung* und *Draußensitzen.* Sollten Sie nach dem Besuch eines der hier empfohlenen Häuser zu einem anderen Ergebnis kommen, bin ich sehr an Ihrer Meinung interessiert. Ich freue mich auch über jeden Hinweis auf ein Café, das mir möglicherweise entgangen ist. Ansonsten hoffe ich, dass Sie mit diesem Buch neue Adressen entdecken und anregende Stunden bei Kaffee und Kuchen verbringen werden.

Cafés mit Bewirtung

Confiserien, Chocolaterien und Bäckereien ohne Cafébetrieb

Das Besondere (falls vorhanden)

zum Beispiel ein besonders üppiges Kuchenangebot
ein ausgefallenes Konzept
ein ungewöhnliches Ambiente
das besondere Engagement der Betreiber
ein bemerkenswerter Service

Stil & Stimmung

etwa ein Traditionscafé
elegant-bürgerlich
modern, trendy
ländlich-rustikal
Ausflugscafé

Draußensitzen

Ein paar Tische am Straßenrand oder vor dem Haus

Tische im Garten, in einem reizvollen Innenhof, auf einem schönen Platz, auf einer schön gelegenen Terrasse oder in der Fußgängerzone mit Blick auf das innerstädtische Treiben

Freier Blick auf den See, Panoramablick, eine besonders schöne Gartenanlage

Auch bei den hier vorgestellten Cafés stimmt leider nicht immer alles ...

Cappuccino, Latte macchiato, Espresso & Co. sind Kaffeespezialitäten, die in Deutschland mittlerweile jeder kennt. Dass ein deutsches Traditionscafé nicht unbedingt für die italienischen Kaffeeklassiker italienischen Kaffee verwendet, ist einzusehen, dann aber sollte das italienische Kaffeeangebot wenigstens mit einem wirklich guten Kaffee und dann auch mit der erforderlichen Kaffeemenge zubereitet werden.

Preis und Leistung zeigen gerade beim Kaffee- und Teeangebot eine merkwürdige Diskrepanz. Es ist klar, dass die Haupteinnahmequelle eines Cafébetriebs der Getränkeverkauf ist. Dennoch ist der Preis für eine Tasse Kaffee oft zu hoch. Bei Kaffeeröstern, die in aller Regel Spitzenkaffees (und dann auch noch sachgerecht zubereitet!) servieren, ist der verlangte Preis (und hier ist er auf jeden Fall gerechtfertigt) auch nicht höher.

Es ist schade, dass sich das Zuckerangebot in Cafés meist auf weißen Kristallzucker beschränkt, insbesondere dann, wenn auch Tee angeboten wird, was ja eigentlich immer der Fall ist. Zu Tee passt bekanntermaßen auch hervorragend Kandiszucker und brauner Zucker – letzterer im Übrigen auch sehr gut zum Espresso. Und für alle, die Süßstoff bevorzugen, wären ein paar Tütchen Süßstoff in der Zuckerauswahl eine entgegenkommende Geste.

Was mir immer wieder unangenehm auffällt, mitunter auch in anspruchsvollen Häusern, ist der Umgang mit dem Messer, mit dem Kuchen und Torten aufgeschnitten werden. Es ist eine Unsitte, Kuchen oder Torten mit einem Messer aufzuschneiden, an dem noch Reste des zuvor geschnittenen Kuchens haften. Die Verwendung eines Wasserbehälters mit Gummilippe, in die das Messer nach jedem Einsatz eingetaucht wird, macht auch nur dann Sinn, wenn das Messer nach der Entnahme aus dem Behälter und vor der nächsten Verwendung mit einem sauberen Tuch abgewischt wird. Geschieht das nicht, bekommt der Gast das Kuchenstück mit einem unappetitlichen Schmierfilm überzogen serviert.

Eine genussvolle Lektüre gehört traditionell zu einem Kaffeehausbesuch. Leider wird das nicht in allen Cafés bedacht. Das Angebot geht manchmal über eine einzige Tageszeitung und ein paar abgegriffene Lesezirkelhefte nicht hinaus.

Diese kritischen Anmerkungen sollen Ihre Freude an einem Besuch in einem der hier vorgestellten Cafés jedoch in keinster Weise trüben. Die genannten Mängel treten bei diesen Cafés nie gehäuft auf. Sonst hätte ich sie nicht in mein Buch, das ja eine Auswahl empfehlenswerter Cafés darstellt, aufgenommen.

Süßes am Überlinger See und am Obersee

Beginnen soll unsere kulinarische Entdeckungsreise am Überlinger See und zwar in Bodman-Ludwigshafen, zwei Gemeinden, die sich am 1. Januar 1975 zusammengeschlossen haben. Mit kleinen Abstechern ins Landesinnere, die aber nie mehr als 10 Kilometer betragen, und einem Besuch der Insel Mainau führt uns unsere Reise dann den ganzen deutschen Obersee entlang. Nach Lindau betreten wir österreichischen Boden und besuchen dann das Schweizer Ufer des Obersees. Nach Kreuzlingen, das mit Konstanz eng verbunden ist, wechseln wir erneut auf deutsches Gebiet über und beenden den ersten Teil unserer kulinarischen Reise mit Kaffee und Kuchen auf der Terrasse des Steigenberger Inselhotels.

Für alle, die mit der Topographie des Bodensees nicht ganz vertraut sind, einige Hinweise: Gewöhnlich wird der Bodensee in den *Obersee* und den *Untersee* gegliedert. Beide Teile des Sees sind bei Konstanz durch den sogenannten *Seerhein* miteinander verbunden. Der *Obersee* reicht im Norden vom *Überlinger See* bis zur *Bregenzer Bucht*, auf der südlichen Seite von der *Bregenzer Bucht* bis Kreuzlingen. Bei Konstanz geht er – über den *Seerhein* – in den *Untersee* über, der sich in den *Rheinsee,* den *Zeller See*, den *Gnadensee* und *den Markelfinger Winkel* gliedert.

Beginnen wir also unsere Reise mit dem Ort, der dem Bodensee seinen Namen gab. Er leitet sich von dem schon erwähnten Ort *Bodman* ab, der im frühen Mittelalter als fränkische Königspfalz, alemannischer Herzogssitz und als Münzstätte überregionale Bedeutung hatte. Daher wurde dieser Ortsname auf den ganzen See übertragen. Als *Lacus potamicus* ist der Name seit 833/834 n. Chr. bezeugt. Im deutschen Sprachraum hat er sich über *Bodamer See* zu Bodensee weiterentwickelt. In anderen Ländern wurde er jedoch nach Konstanz benannt, die als Konzilstadt im 15. Jahrhundert weit über den Bodenseeraum bekannt wurde. So heißt er zum Beispiel im Französischen *Lac de Constance*, im Italienischen *Lago di Costanza* und im Englischen *Lake Constance.*

1. Bodman-Ludwigshafen | *Café Hasler*

Gleich die erste Adresse an der westlichen Spitze des Überlinger Sees punktet mit einer attraktiven Terrasse direkt am Seeufer. Etwas abseits der Haupttourismusrouten in Überlingen, Meersburg und Konstanz sitzt es sich hier nach der alljährlichen langen Winterpause im Schatten der Sonnenschirme mit Blick auf die Bootsstege und das Bootshaus herrlich gemütlich. Bei gutem Wetter finden sich stets viele Gäste ein, und man ist sichtlich auf großen Andrang eingestellt. Angeschlossen ist ein Hotel Garni mit eigener Liegewiese. Und, um das touristische Angebot abzurunden, der geneigte Gast kann das hoteleigene Charterboot »Hasi Flote« für Ausflüge mieten.

Kuchen & Torten: Die Familie Meckelburg, die das Café in der zweiten Generation führt, stellt alle Kuchen und Torten in der hauseigenen Konditorei her. Das Angebot zeichnet sich durch eine große Auswahl an Torten wie zum Beispiel die *Whiskycreme-Torte*, die *Schokoladencreme-Torte* oder die *Ananas-Joghurt-Creme-Torte* aus. Natürlich fehlt auch die *Schwarzwälder Kirschtorte* nicht.

Sehr zu empfehlen ist die *Apfelwalnusstorte*, die Haustorte, die es täglich gibt. Sie besticht mit feinen Walnussböden, die mit einer von frischen Apfelraspeln angereicherten Sahne gefüllt sind – alles fein abgeschmeckt mit einer dezenten Zimtnote.

Gebackene Obstkuchen gibt es natürlich auch.

- ✓ Größeres Kaffee- und Teeangebot.
- ✓ Größere Eiskarte, allerdings ist das Eis nicht hausgemacht.
- ✓ Flotter und korrekter Service.
- ✓ Ab Mai werden bei schönem Wetter jeden Freitagabend ab 18 Uhr Grillabende auf der Terrasse veranstaltet.

Café Hasler, Hotel Garni (Brigitte Meckelburg)
Kaiserpfalzstraße 65
78351 Bodman-Ludwigshafen
Telefon (0 77 73) 9 30 70, http://cafe-hasler.de

Öffnungszeiten	Täglich 8 Uhr bis open end, Montag Ruhetag, alljährliche Winterpause von der zweiten Novemberwoche bis zur zweiten Märzwoche.
Plätze	200 Plätze innen, 160 Plätze auf der Terrasse
Preisniveau	Mittel
Das Besondere	Eldorado für Tortenfans
Stil & Stimmung	Gutbürgerliches Café in idyllischer Lage
Draußensitzen	☂☂☂

2. Bodman-Ludwigshafen | *Zollhaus Café*

Im historischen Zollhaus-Gebäude lädt ein modernes Tagescafé mit ansprechenden Sitzgelegenheiten auf zwei Terrassen zum Verweilen ein. Das Zollhaus, in früheren Zeiten Warenumschlagplatz und zugleich Lagerhalle, beherbergt heute neben dem Café das Rathaus sowie Tagungs- und Ausstellungsräume und ist so Bürger- und Gästezentrum Ludwigshafens. Für Aufsehen sorgt stets aufs Neue ein Relief des Künstlers Peter Lenk an der Außenwand des Gebäudes, das im Herbst 2008 enthüllt wurde, die »Global Players«, eine bissige Satire auf Politik und Wirtschaft.

Wenn auch der Schwerpunkt des Zollhaus Cafés offenkundig mehr auf der Durchführung von Veranstaltungen wie Hochzeiten, Geburtstagsfeiern und Taufen, Tagungen, Produktpräsentationen und Firmenfeiern liegt, kann man hier ebenso gut am Nachmittag einen Kaffee trinken und ein Stück Kuchen genießen.

Kuchenangebot: Kleine, aber feine Kuchenauswahl, denn Kuchen und Torten werden von der Konditorei Hasler in der Kaiserpfalzstraße (s. S. 18) bezogen.

- ✓ Kleines Teeangebot und diverse Kaffeespezialitäten, auch mit Alkohol.
- ✓ Auf der Karte für Pikantes stehen Salate und Flammkuchen.
- ✓ Lektüreangebot.

Zollhaus Café
(Betreiber: Seehotel Adler Betriebsgesellschaft GmbH)
Hafenstraße 5
78351 Bodman-Ludwigshafen
Telefon (0 77 73) 93 39-0, www.zollhaus-ludwigshafen.de

Öffnungszeiten	Mi bis Fr 14.30–22 Uhr, Sa und So 11.30–22 Uhr, Ruhetage Montag und Dienstag
Plätze	Circa 50 Plätze innen, rund 100 Plätze auf den beiden Terrassen
Preisniveau	Mittel
Das Besondere	Kleine Kuchenauswahl in gepflegter ruhiger Atmosphäre
Stil & Stimmung	Modernes Ambiente in historischem Gebäude
Draußensitzen	

3. Bodman-Ludwigshafen | *Aquarama*

Viel turbulenter als im Zollhaus geht es ein paar Schritte weiter im Café Ristorante Aquarama zu. Das Aquarama versteht sich zwar in erster Linie als *ristorante*, hält jedoch auch immer eine Auswahl an Kuchen und Torten der renommierten Konditorei Popp (s. S. 25) im nicht allzu weit entfernten Überlingen bereit. Wenn Sie also Kuchen und Torten von Popp in lichtdurchfluteten Räumen mit freiem Blick auf den See oder bei schönem Wetter auf der Seeterrasse genießen wollen, gehen Sie ins Aquarama in Bodman-Ludwigshafen. Dort serviert man Ihnen zum Kuchen selbstverständlich auch italienische Kaffeespezialitäten.

Café Ristorante Aquarama
Hafenstraße 4, 78351 Bodman-Ludwigshafen
Telefon (0 77 73) 9 36 20 02, www.ristorante-aquarama.de

Öffnungszeiten Täglich 11–24 Uhr

Preisniveau Mittel

4. Eigeltingen | *Bodensee Bonbon Manufaktur*

Im Gewerbegebiet von Eigeltingen, das über Nenzingen von Bodman in knapp zehn Minuten zu erreichen ist, stellt Simone Roth seit 2010 in ihrer Schaumanufaktur nach alter skandinavischer Tradition Bonbons und Lutscher in reiner Handarbeit her. Dabei kommt auch eine Bonbonmaschine mit Walze, wie sie früher verwendet wurde, zum Einsatz. Dienstag bis Donnerstag und Freitag ist Werkverkauf. An diesen Tagen kann man in der Manufaktur nach Herzenslust einkaufen und dabei unter den vielen Bonbonsorten, die die Regale füllen, wählen. Jeden Freitagnachmittag zwischen 14 und 17 Uhr wird produziert (mitunter auch Dienstag, Mittwoch oder Donnerstag – zur Sicherheit bitte vorher anrufen), und da zeigt Frau Roth, wie unter Verwendung bester Aromen und natürlicher Farben Bonbons in den verschiedensten Geschmacks-

richtungen wie Himbeere, Apfel, Honig-Sanddorn, gestöckelte Milch (Dick- oder Sauermilch) oder auch Karamell entstehen. Der Besucher darf den warmen Bonbonteig auch probieren. Die Sorten wechseln saisonal, meist sind etwa 30 verschiedene im Angebot.

Die Bonbons und Lutscher können nicht nur vor Ort gekauft werden. Vor allem in der Hochsaison werden die süßen Köstlichkeiten an ausgesuchten Adressen rund um den Bodensee an Verkaufsständen und in Hofläden angeboten. Natürlich kann man sie auch online bestellen.

Bodensee Bonbon Manufaktur
(Simone Roth)
Hermann-Laur-Straße 10
78253 Eigeltingen
Telefon (0 77 74) 2 02, www.bodensee-bonbon.de

Öffnungszeiten Werksverkauf Di, Mi, Do 9–12 Uhr, Fr 14–17 Uhr

5. Überlingen | *Café Popp*

In Überlingen befindet sich das Café Popp, das zwar nicht wegen seiner Lage, aber wegen der bemerkenswerten Qualität seiner Produkte zu den besten Café-Adressen am Bodensee gehört. Nach der Übernahme des Familienbetriebs durch Andreas Popp erfolgte im Februar 2013 der Umzug von der Hitzlerstraße in die Hochfeldstraße, da die Produktionsstätte und das Café zu klein geworden waren. Die Räumlichkeiten des ehemaligen Möbelhauses Nothhelfer am stark befahrenen Kreisverkehr wurden den Erfordernissen eines Konditorei-Cafés angepasst und entsprechend umgestaltet. Heute präsentiert sich das Café in kühler Atmosphäre und einer großzügigen Raumgestaltung mit viel Glas und klaren Linien. Dass die Qualität hier stimmt, zeigt sich auch am regen Außer-Haus-Verkauf.

Kuchenangebot: Opulentes und qualitativ hervorragendes Kuchen-, Torten- und Gebäckangebot. Am Wochenende kann man unter 30 bis 40 verschiedenen Kuchen und Torten wählen, unter der Woche ist das Angebot etwas kleiner. Daneben gibt es eine Auswahl an Dessert- und Sahneteilchen sowie Tee- und Hefegebäcke. Sehr zu empfehlen ist die Spezialität des Hauses, die Haustorte, eine *Passionsfrucht-Mousse-Torte* mit einem Topping aus Granatapfelkernen. Hüftgold pur, aber auf jeden Fall auch eine Sünde wert ist das *Araber-Törtchen*, ein Türmchen aus mit Mokkacreme gefülltem Baiser und üppiger Sahnehaube.

Laut Chef werden grundsätzlich keine Convenience-Produkte verwendet, keine Pülverchen und Mehlmischungen. Alle Zutaten wie Mehl, Milch, Sahne und Eier stammen aus der Region. Es wird nur frische Butter verwendet. Zum Sahneschlagen kommt kein Sahnebläser zum Einsatz, das heißt, die Sahne ist nicht mit unnötig viel Luft aufgebauscht, sondern »cremig-kompakt«, aber dennoch leicht und locker. Außerdem würden die frischen Eier in einem speziellen Verfahren erhitzt, so dass auch alle Produkte, die Frischei enthalten, bedenkenlos konsumiert werden können.

- Der Kaffee wird von der *Telgter Kaffeemanufaktur* bezogen, die beste Rohbohnen von kleinen Kaffeeplantagen auf der ganzen Welt, »fair trade« gehandelt, in kleinen Chargen röstet. Tee von *Ronnefeldt*.
- Trinkschokoladen, hergestellt mit Schokolade der Edelmarke *Valrhona*.
- Großes Confiserieangebot von 30 bis 40 Sorten handgemachter Pralinen.
- Eiskarte.
- Netter aufmerksamer Service.

Café, Konditorei, Confiserie Popp
(Andreas Popp)
Hochbildstraße 23
88662 Überlingen
Telefon (0 75 51) 45 32, www.konditorei-popp.de

Öffnungszeiten	Täglich 8.30–17.30 Uhr, Sonn- und Feiertage 9–17 Uhr, Dienstag Ruhetag
Plätze	45 Plätze innen, 24 Plätze auf der Terrasse
Preisniveau	Mittel bis gehoben im Kuchenbereich
Das Besondere	Traditionscafé mit hohem Qualitätsanspruch in modernem Ambiente
Stil & Stimmung	Modern-gediegene Kaffeehausatmosphäre
Draußensitzen	

Überlingen

Überlingen, das »badische Nizza«, ist eine der touristischen Hochburgen am Bodensee. Das rund 22 000 Einwohner zählende Städtchen, das von Barbarossa im Jahre 1180 das Marktrecht erhielt, punktet durch seine Uferpromenade, die längste des Bodensees, und durch seine gut erhaltene Altstadt rund um das Münster St. Nikolaus. Am Hafen, der der Altstadt praktisch vorgelagert ist, befindet sich »Die Greth«, das einstige städtische Handels- und Kornhaus. In diesem Gebäude ist heute die Touristen-Information untergebracht. Auf dem angrenzenden Platz befindet sich ein weiteres Lenk-Denkmal, das den Ritt über den Bodensee darstellt.

Ein Besuch Überlingens lässt sich gut mit einer Schifffahrt zur Insel Mainau oder den Pfahlbauten in Unteruhldingen, aber auch einem Wellness-Aufenthalt verbinden. Seit 2003 besitzt Überlingen eine direkt am See gelegene Therme, wo sich der Besucher in einer Bade- und Saunalandschaft verwöhnen lassen kann.

Im Übrigen wurde Überlingen als dritte deutsche Stadt in den Kreis der »Slow Cities« aufgenommen, eine Bewegung, die in Rom ihren Ursprung hat und die im Sinne der Philosophie der »slow food«-Bewegung unter anderem für die Wahrung und Stärkung der Regionalkultur, der Aufwertung einheimischer Erzeugnisse und der Landschaftserhaltung eintritt.

6. Überlingen | *Aran*

Ebenfalls zentral in der Überlinger Innenstadt, nur ein paar Schritte von der Alten Stadtkonditorei Brielmayer entfernt, liegt das Aran, einer der Läden der Aran-Kooperative, die in Rosenheim ihren Sitz und Ursprung hat. Von hier aus entwickelte und verbreitete sich seit 1999 das typische Aran-Konzept. Die Standortwahl des Aran im alten Rathaus der Stadt Überlingen resultiert aus der Maxime der Kooperative, ihre Läden stets in besten Lagen unterzubringen. Das traditionsreiche Gebäude war im Mittelalter Markthalle und wurde später als Lagerhalle der Wehrmacht genutzt. Seit 2008 befindet sich das Aran in diesen Räumlichkeiten und besticht mit seiner großzügigen Raumgestaltung und 160 Quadratmeter Ladenfläche und dem für Aran typischen Interieur. Aran ist in erster Linie für seine Natursauerteigbrote bekannt, die nach altem Hausrezept und ohne Hefe mit langen Gär- und Reifezeiten hergestellt werden, außerdem für hochwertige Brotaufstriche und traditionell verarbeitete Kaffee- und Teekompositionen. Nichtsdestotrotz kann man hier in entspannter Atmosphäre genauso gut ein Stück Kuchen genießen.

Kuchenangebot: Die Kuchen werden in erster Linie von der Konditorei Popp, Überlingen (s. S. 25), bezogen. Im Angebot sind zum Beispiel *Rüb-*

litorte, Schokoladentarte, Engadiner Nusstorte, Linzer Torte und *Marmorkuchen.* Nicht von Popp ist Kleingebäck wie die *Florentiner* mit weißer und dunkler Schokolade.

- ✓ Im umfangreicheren Angebot an alkoholischen und alkoholfreien kalten und warmen Getränken finden sich Säfte, Trinkschokoladen, Tees und Kaffeezubereitungen – hier das übliche Programm wie Espresso, Espresso macchiato, Tasse Kaffee, Cappuccino, Café au lait, Latte macchiato und Café crème.
- ✓ Außerdem gibt es hier selbstverständlich das für die Aran-Läden obligatorische Angebot an *Kalten Broten* mit verschiedenen Aufstrichen und verschiedene Toasts.
- ✓ Gutes Lektüreangebot mit größerer Zeitungs- und Zeitschriftenauswahl
- ✓ Entsprechend dem Konzept der Aran-Kooperative ist hier Selbstbedienung angesagt.

Aran, Brotgenuss & Kaffeekult
(Franchisepartnerin: Sabine Bornberg)
Münsterstraße 15–17, 88662 Überlingen
Telefon (0 75 51) 9 47 12 84, www.aran.coop

Öffnungszeiten	Mo bis Sa 8.30–18.30 Uhr, Sonn- und Feiertage Ruhetage
Plätze	Ca. 55 Plätze innen, mindestens 60 vor dem Haus
Preisniveau	Mittel
Das Besondere	Kaffee- und Kuchengenuss im Aran-Interieur
Stil & Stimmung	Leger-entspannt
Draußensitzen	

7. Überlingen | Chocaulac

Seit Februar 2013 betreibt Jean-Pascal Brunière seine Chocolaterie in Überlingen. Der Chocolatier ist nicht nur als Dozent am *Gastronomischen Bildungszentrum der IHK Koblenz* bei den *Jeunes Restaurateurs d'Europe* (JRE = Vereinigung junger Spitzenköche), sondern auch für *Valrhona*, einer der führenden Kuvertüremarken im Profibereich, auf dem Gebiet der Weiterbildung von Pâtissiers und Konditoren tätig. So verwundert es nicht, dass Brunière für die Herstellung seiner Köstlichkeiten ausschließlich Schokoladen von *Valrhona* verwendet. Die Qualität seiner Confiserie ist hervorragend. Im Angebot sind verschiedene *macarons*, *Pralinen* und *Trüffeln* – auch fruchtige, zum Beispiel in den Geschmacksrichtungen Passionsfrucht-Mango, Himbeere oder Aprikose. Das Angebot wechselt, so gibt es neben den Klassikern, die immer zu haben sind, saisonabhängige Varianten mit saisonal abgestimmten Gewürzen. Eine Besonderheit sind seine *Uhus* aus heller und dunkler Schokolade in verschiedenen Größen, die er in Anlehnung an *Übi*, den Überlinger Uhu, entwickelt hat, der seit einigen Jahren mit seiner Familie in einer Felswand im Überlinger Stadtgraben lebt, und inzwischen das Maskottchen Überlingens geworden ist.

An den acht bis zehn Plätzen im Verkaufsraum werden auch Getränke serviert. Neben verschiedenen Kaffeespezialitäten gibt es natürlich auch heiße Trinkschokoladen, selbstverständlich mit echter Schokolade gemacht – im Sommer in der entspre-

Chocaulac (Jean-Pascal Brunière)
Gunzoweg 1
88662 Überlingen
Telefon (01 71) 2 02 49 38, www.chocaulac.de

Öffnungszeiten	Di bis Fr 10–13 Uhr, 14–18 Uhr, Sa 10–16 Uhr, Sonntag im Sommer geschlossen, November bis März 11 bis 16 Uhr, Montag Ruhetag
Preisniveau	Gehoben

8. Meersburg | *Burg-Café*

In der Alten Burg befindet sich neben dem Museum auch das Burg-Café. In der kalten Jahreszeit kann der Gast im stilvollen Barocksaal Platz nehmen, in der warmen Jahreszeit lädt die Aussichtsterrasse mit Blick auf den See zum Verweilen ein. Eine weitere gastronomische Möglichkeit der Burg bietet der Biergarten im Burghof am Marienbrunnen.

Kuchen & Torten: Solides Kuchen- und Tortenangebot, das von verschiedenen regionalen Bäckereien und Konditoreien bezogen wird. Im Angebot sind unter anderem diverse Käsekuchen wie *Mohn-Käsekuchen*, *Käse-Kirsch-Kuchen* oder *Apfelschmandkuchen*, die Klassiker *Erdbeer-* und *Himbeerkuchen* auf Biskuit, aber auch *Browniekuchen mit Nüssen* oder eine *Orangensahne*. Sehr zu empfehlen ist die *Pralinentorte*, die insbesondere Alkoholliebhaber erfreuen wird.

Sehr gut ist auch die Sahne, die zum Kuchen bestellt werden kann.

- Eine Spezialität des Cafés sind *Pfannkuchen*, die in allen möglichen Varianten angeboten werden: herzhaft mit Käse und Speck, Zwiebeln und Speck, Gemüse, Äpfeln und Speck, Ananas und Käse oder Ragout fin; fruchtig mit Kirschen und Sahne, Heidelbeeren und Sahne, Äpfeln und Sahne, Ananas und Sahne oder süß mit Puderzucker, Erdbeer-Konfitüre und Puderzucker sowie Aprikosen-Konfitüre und Puderzucker.
- Große Eiskarte mit Eis von *Mövenpick*.
- Auf der Vesperkarte stehen diverse Suppen, Wurstsalat, Maultaschen, Strammer Max und Ragout fin.
- Freundlicher Service.
- Wenn Sie nur ins Burg-Café wollen, also keine Besichtigung der Burg oder einen Besuch des Museums beabsichtigen, sollten Sie dies gleich am Burgeingang sagen. Sie zahlen dann einen kleinen Obolus von 2 Euro, der Ihnen im Café angerechnet wird.

Burg-Café
Schloßplatz 10, 88709 Meersburg
Telefon (0 75 32) 80 00 0, www.burg-meersburg.de

Öffnungszeiten	Café täglich 10–18.30 Uhr, geschlossen von Montag nach Totensonntag bis 24. Dezember
Plätze	Circa 65 Plätze im Barocksaal, 32 Plätze auf der Terrasse
Preisniveau	Mittel
Das Besondere	Gute Kuchenadresse in historischem Gemäuer
Stil & Stimmung	Urig-touristisch
Draußensitzen	

Meersburg

Bekannt ist Meersburg heute vor allem durch die Alte Burg, zu der von der Unterstadt, dem einstigen Fischerviertel, ein recht steiles Sträßchen führt. Die mitten im heutigen Stadtzentrum gelegene Burg, einst die Residenz der Konstanzer Bischöfe, beherbergt ein Museum. Auf der Eintrittskarte zur Burg liest man: »Die sagenumwobene Meersburg, deren Gründung nach einer Überlieferung aus dem Jahr 1548 zurückgehen soll bis ins 7. Jahrhundert, ist eine der Hauptsehenswürdigkeiten am Bodensee. Auf dem Rundgang durch 30 eingerichtete Räume, den malerischen Burggarten und die wehrhafte nördliche Bastion wird der Besucher zurückversetzt in lang vergangene Jahrhunderte. Auf der Burg lebte auch Deutschlands größte Dichterin Annette von Droste-Hülshoff während ihrer Aufenthalte am Bodensee. Ihr Arbeits- und ihr Sterbezimmer sind Teil des Rundganges.« Die Burg kann ganzjährig täglich durchgehend von 9 bis 18.30 Uhr, von November bis Februar von 10 bis 18 Uhr besichtigt werden; zusätzlich ist eine Turmbesteigung von April bis Oktober möglich.

9. Meersburg | *Café im Schloss Meersburg*

Ganz in der Nähe der Alten Burg liegt das Neue Schloss, das die Konstanzer Bischöfe sich als neue Residenz erbauten, da ihnen die Alte Burg zu wenig repräsentativ und komfortabel erschien. Das Schloss, mit dessen Bau 1710 begonnen wurde, diente wegen der Säkularisation allerdings nur rund 50 Jahre als fürstbischöfliche Residenz. Im Jahre 1802/03 ging es an das von Napoleon neu geschaffene Land Baden über und diente in der Folgezeit verschiedensten Zwecken, so unter anderem als Fräulein-Institut, als Truppenherberge, als Amtsgefängnis, als Seemannschule, als Taubstummenanstalt und als Gehörlosenschule. Im Jahre 1955 wurde es dem Land Baden-Württemberg übergeben, das in die notwendige Sanierung und den Umbau in ein Museum 4,8 Millionen Euro investierte, davon allein 1,3 Millionen in die Inneneinrichtung. Der Parterrebereich des Schlosses wurde dabei nach Abschluss der Umbauarbeiten von der Familie Heiner Finkbeiner, Besitzer der renommierten *Traube Tonbach* im Schwarzwald (die mit diversen Auszeichnungen glänzt, unter anderem mit drei Guide-Michelin-Sternen) gepachtet und gastronomisch geführt. Das eigentliche Highlight ist jedoch nicht das ebenerdig gelegene, modern-sachlich eingerichtete Café-Bistro, sondern die Terrasse mit ihrem geschmackvollen Mobiliar und dem freien Blick auf den See.

Kuchen & Torten: Das Standardkuchenangebot des Cafés bietet natürlich Tortenklassiker wie die *Schwarzwälder Kirschtorte*. Daneben kann es auch eine *Schokomousse-Himbeer-Torte*, eine *Sacher-Torte*, *Berner Nusskuchen*, *Meersburger Torte*, *Zitronensahne* oder einen *Schlosskuchen* geben. Kuchenklassiker wie *Apfelkuchen*, *Kirsch-Streusel-Kuchen* oder *Mohnkuchen* sind natürlich auch zu haben, außerdem saisonale Obstkuchen wie *Erdbeer-*, *Himbeer-* oder *Rhabarberkuchen*. Im Winter wird immer eine *Linzer Torte* angeboten.

Die Qualität der Kuchen und Torten verrät die Exklusivität der Schwarzwälder Luxusgastronomie der Betreiber. Weniger überzeugend bei einer Adresse dieses Renommees ist die zum Kuchen servierte Sprühsahne aus der Dose.

- ✓ Kleine Kaffee- und Teeauswahl.
- ✓ Kleine Auswahl an Tagesgerichten wie Panini, Salate und Pastagerichte.
- ✓ Bemühter und freundlicher, aber nicht immer professioneller Service.

Café im Schloss Meersburg
(Betreiber: Familie Heiner Finkbeiner der *Traube Tonbach)*
Schlossplatz 12
88709 Meersburg
Telefon (0 75 32) 80 79 41 20,
www.cafeschlossmeersburg.de

Öffnungszeiten	Täglich ab 10.30–18/18.30 Uhr
Plätze	40 Plätze innen, 100 Plätze auf der Terrasse
Preisniveau	Mittel bis gehoben
Das Besondere	Kaffee- und Kuchengenuss auf Panoramaterrasse
Stil & Stimmung	Geschmackvoll-ambitioniert
Draußensitzen	☂☂☂

10. Meersburg | *AL Eins*

Direkt am Fährhafen, von dem man ganzjährig mit dem Auto nach Konstanz übersetzen kann, liegt das nach einer fünfmonatigen Sanierungszeit im Oktober 2012 eröffnete AL Eins. Der denkmalgeschützte, in den Bodensee hineinragende Rundbau stammt von dem am Bauhaus in Dessau ausgebildeten Konstanzer Architekten *Hermann Blomeier.* In den 1950er Jahren diente das Gebäude als Wartehaus für die Fährpassagiere. Jetzt betreibt dort die gelernte Konditorin Alexandra Lang, »Pâtissier des Jahres 2010« und Tochter der Betreiber der renommierten Meersburger *Romantik Hotel Residenz am See* ihr erstes Lokal. Der Gast kann durch die Rundumverglasung oder von der umlaufenden Terrasse direkt über dem See den 270-Grad-Panoramablick des Gebäudes bei Kaffee und Kuchen oder einem Cocktail genießen und seine Blicke über die weite Wasserfläche auf Berge, Schiffe und Fähren schweifen lassen. Die Tatsache, dass sich die Betreiberin als Spitzenpatissière ausgezeichnet hat, schlägt sich quantitativ leider nicht im Patisserie-Angebot des Cafés nieder. Das Kuchenangebot, das im Hotel der Eltern produziert wird, ist relativ klein. Allein die Öffnungszeiten deuten darauf hin, dass

das AL Eins mehr Bar als Café ist, vielleicht eher noch ein »Allrounder« mit dem entsprechenden Angebotsspektrum vom Frühstück über Kaffee und Kuchen bis zum Abendcocktail. Nichtsdestotrotz ist das AL Eins eine empfehlenswerte Adresse: Die Kuchen sind gut und der Ausblick ist atemberaubend.

Süßes Angebot: Unter den angebotenen Kuchen, die von 11 bis 17 Uhr serviert werden, sind zum Beispiel die gebackenen Obstkuchen wie die *Aprikosen-Schmand-Tarte* oder der *Zwetschgenkuchen mit Streuseln* mit seinem feinen dünnen Mürbeteigboden und den aromatischen Früchten sehr zu empfehlen. Desserts wie Crème brûlée, Schokoladenmousse oder Ofenschlupfer runden das Angebot ab.

- ✓ Kleines Pralinenangebot.
- ✓ Frühstücksangebot mit verschiedenen Varianten.
- ✓ An Pikantem gibt es Salate, Pasta, herzhafte Snacks, hausgemachte Suppen, Tapas am Abend (17.30 bis 22 Uhr).
- ✓ Weine, Spirituosen und Cocktails auf der Getränkekarte.
- ✓ Netter Service.

AL Eins
(Alexandra Lang)
Unterhuldinger Straße 1
88709 Meersburg
Telefon (0 75 32) 80 78 80 6, www.al-eins-de

Öffnungszeiten	1. Oktober bis 30. April Di 17.30–23 Uhr, Mi bis Sa 9.30–23 Uhr, So 9.30–17 Uhr, Mo Ruhetag. Im Winter kann es vorkommen, dass früher geschlossen wird – auf alle Fälle vorher anrufen. Mehrwöchige Betriebsferien im Januar bis März – über Homepage oder telefonisch erfragen. 1. Mai bis 30. September Di bis So 9.30–23 Uhr, Mo Ruhetag
Plätze	25 Plätze innen, 50 Plätze im Freien – davon 16 Plätze auf dem Umgang direkt am Pavillon
Preisniveau	Mittel bis gehoben
Das Besondere	Kuchengenuss mit 270-Grad-Panoramablick
Stil & Stimmung	Modern-gestyltes Ambiente
Draußensitzen	

11. Meersburg | *Florentine*

Ebenfalls im Stadtzentrum, unweit des Zeppelin-Museums, befindet sich seit sechs Jahren die kleine, aber feine Adresse für Schokoladenwaren. Im Laden gibt es keine Sitzgelegenheit, aber in der warmen Jahreszeit stehen zwei Tischchen vor dem Haus, an denen Getränke – Espresso, Kaffee, Milchkaffee, Latte macchiato, Cappuccino, Trinkschokolade und Chai-Latte – und Schokoladiges serviert werden. Alles ist haus- und handgemacht, verwendet werden nur Schokoladen der Edelmarken *Valrhona* und *Callebaut*. Frau Heinze, ehemalige Pharma-Referentin und Pfälzerin, bestreitet stets gut gelaunt den Verkauf, Herr Heinze, ehemaliger Bauingenieur, der sein Hobby zum zweiten Beruf gemacht hat, ist in der Produktion tätig, die, wie betont wird, völlig ohne Konservierungsstoffe auskommt. Seit Mitte 2013 sind auch laktosefreie Produkte im Angebot.

Neben saisonalen Leckereien wie frische Orangenscheiben im Schokomantel, edle Pralinen und Trüffel, diverse Schokoladen und Eis sind auch Hausspezialitäten im Angebot, die *Meersburger Himmelchen – Le ciel sur la terre*, eine Trüffelpraline mit 65-prozentiger Schokolade, die

»gleichermaßen zu Espresso wie zu Crémant passt«, so Frau Heinze, und die *Florentiner*, die aus Mandeln, Sahnebutter, Honig und Schokolade hergestellt werden.

Wer möchte, kann sich auch in einem Seminar von Herrn Heinze in die Kunst der Schokoladenverarbeitung einweisen lassen.

Florentine • Schokolade & Mehr (Christiane Heinze)
Höllgasse 6, 88709 Meersburg
Telefon (0 75 32) 80 75 064
www.facebook.com/pages/Chocolaterie-Florentine-Schokolade-Mehr/501637863195637

Öffnungszeiten	Hauptsaison: Mo bis Sa 10–18 Uhr, So 11–17.30 Uhr, Nebensaison: Mo bis Sa 10–17 Uhr, So 11–16.30 Uhr
Preisniveau	Mittel

12. Mainau | *Schlosscafé*

Das dreiflügelige Barockschloss aus dem 18. Jahrhundert ist Wohnsitz der gräflichen Familie Bernadotte. Im Mitteltrakt des Schlosses werden Wechselausstellungen gezeigt. Das Café ist im Südflügel untergebracht, wo sich auch das Palmenhaus befindet.

Kuchen & Torten: Es stehen täglich bis zu 16 verschiedene Kuchen und Torten zur Auswahl, die vom *Fuchshof* aus Konstanz, einem Obstbaubetrieb mit angeschlossener Backstube, Hofladen und Besenwirtschaft, geliefert werden. Da gibt es zum Beispiel eine *Cappuccinotorte*, *Käsekuchen* mit und ohne Obst, *Bratapfelkuchen*, *Zwetschgenkuchen* – klassisch auf Mürbeteig mit Streuseln, *Rüblikuchen*, eine »original glutenfreie *Schwedische Mandeltorte*« und auch immer eine *Schwarzwälder Kirschtorte*. Die Haustorte ist die *Mainau-Schokomousse-Torte* mit Zimtkirschen. Die Kuchen und Torten sind von solide-bodenständiger Machart und geschmacklich gut.

- ✓ Auffallend großes Angebot an Kaffeespezialitäten, auch mit Alkohol – über 40 internationale Kaffeespezialitäten wie zum Beispiel *Kapuziner*, einen *Cafezinho do Brazil* oder *Fliegender Holländer*, diverse verschiedene Eiskaffeespezialitäten.
- ✓ Große Teeauswahl, darunter auch ayurvedische Teemischungen.
- ✓ Trinkschokoladen von *Zotter*, der fair gehandelten Marke aus biologisch kontrolliertem Anbau.
- ✓ Neben einer Eiskarte auch eine größere Auswahl an alkoholfreien Erfrischungsgetränken wie Säften, daneben Biobiere, Weine, Aperitifs und Sekte sowie Brände von der Insel Mainau und andere Spirituosen und Liköre.
- ✓ Die Servicekräfte sind flott, dennoch kann es aufgrund der hohen Gästefluktuation mitunter zu Wartezeiten kommen.

Schlosscafé Mainau (Geschäftsführung: Bettina Gräfin Bernadotte und Björn Graf Bernadotte) 78465 Insel Mainau Telefon (0 75 31) 303-0 www.mainau.de	
Öffnungszeiten	Das Schlosscafé ist täglich von 11–17 Uhr ganzjährig geöffnet - am 24. und 31. Dezember verkürzte Öffnungszeiten. Es werden keine Reservierungen vorgenommen.
Plätze	Circa 60 Plätze innen, circa 50 Plätze im Palmenhaus
Preisniveau	Mittel bis gehoben
Das Besondere	Große Kaffee- und Teeauswahl und Kuchen aus regionaler Herstellung
Stil & Stimmung	Trubelig-geräuschvoller Kaffeegenuss in gediegenem Ambiente

Mainau

Die Insel Mainau liegt im nordwestlichen Teil des Bodensees, dem Überlinger See, und ist mit circa 45 Hektar die drittgrößte Insel im Bodensee. Begünstigt durch das milde Bodenseeklima, wird die Insel wegen ihrer reichen subtropischen bis tropischen Flora auch Blumeninsel genannt. Im Schlosspark wachsen allerlei mediterrane Pflanzen, und im Palmenhaus beim Schloss finden sich mehr als 20 Palmenarten aus aller Welt. Großherzog Friedrich I. von Baden, der die Mainau 1853 erwarb und die Insel zu seinem Sommersitz wählte, brachte von seinen Reisen seltene Pflanzen mit und legte so den Grundstock für den historischen Schlosspark und die Baumsammlung. Seit 1928 ist die Insel im Besitz der Familie Bernadotte aufgrund einer Erbschaft von Viktoria von Baden, der Ehefrau von Gustav V., seit 1907 König von Schweden.

Die Insel Mainau ist ganzjährig von Sonnenaufgang bis Sonnenuntergang geöffnet. Am schnellsten ist die Insel mit dem Schiff von Überlingen oder Meersburg aus zu erreichen. Allerdings ist dies erst ab Mitte April bis Mitte Oktober möglich, da in den anderen Monaten der Schiffsverkehr ruht. In dieser Zeit kann die Mainau jedoch von Konstanz mit dem Bus (Linie 4) oder dem Auto angefahren werden. Am Südufer, über das die Insel zu erreichen ist, steht ein kostenpflichtiger Parkplatz zur Verfügung. Die Mainau selbst ist nur zu Fuß zu erkunden.

13. Mainau | *Café Vergissmeinnicht*

Etwas ruhiger als im Schlosscafé geht es im Café Vergissmeinnicht zu, das nur ein paar Schritte von einem der Besuchermagneten der Mainau, dem Schmetterlingshaus, entfernt liegt. Das Café mit Selbstbedienung ist ein von Sandra Gräfin Bernadotte ins Leben gerufenes soziales Projekt mit dem Ziel, Jugendliche mit schwierigem sozialen bzw. Migrations-Hintergrund zu fördern. Zu diesem Zweck sind die jungen Leute in alle Stufen des betrieblichen Ablaufs des Cafés – von der Produktion bis zum Verkauf – aktiv eingebunden. Auf der Karte steht überwiegend Selbsterzeugtes wie beispielsweise Tees und Kräuter, die im eigenen Garten angepflanzt werden, oder selbst angesetzter Holunderblütensirup. Auch die Kuchen sind hausgemacht. Ferner sind Frischkäsebrote mit Kräutern im Angebot, und Kaffee und regionale Erfrischungsgetränke wie Apfelsaft von der Mainau gibt es auch.

Café Vergissmeinnicht
78465 Insel Mainau
Telefon (0 75 31) 303-468
www.mainau.de

Öffnungszeiten Das Café Vergissmeinnicht ist in der Sommersaison (ab Mitte März) täglich von 11–17 Uhr, in der Wintersaison (ab Mitte Oktober) montags bis samstags von 12–16 Uhr und sonntags von 12–17 Uhr geöffnet. Zwischen Weihnachten und Heilige Drei Könige geschlossen.

14. Markdorf-Reute | *Beeren- und Obsthof Pfleghaar*

Der Beeren- und Obsthof der Familie Pfleghaar liegt idyllisch-ländlich in Reute, einem Ortsteil von Markdorf, einem Städtchen mit rund 12 000 Einwohnern, das oft als »Balkon zum Bodensee« umschrieben wird. Im Hofladen werden allerlei Produkte aus eigener Erzeugung angeboten: selbstredend alle angebauten Beeren wie Erdbeeren, Himbeeren, Brombeeren, Kultur-Heidelbeeren, aber auch selbst hergestellte Edelbrände, Liköre, eigener Apfelsaft und Apfelwein. Daneben gibt es eine große Auswahl an Marmeladen und Gelees, auch mit Stevia für Diabetiker. Eiernudeln, Tomaten, Paprika und vieles mehr sind auch im Angebot.

Ende 2010 wurde der Hofladen umgebaut und im selben Zug das Café eröffnet. Mit dem *Beerenzügle*, in umgebauten Erntewagen, kann man eine Rundfahrt durch die Obst- und Rebanlagen rund um Reute mit spektakulärem Blick auf den Bodensee unternehmen und bei dieser Gelegenheit auch noch Interessantes und Wissenswertes über den Anbau von Obst- und Gemüsekulturen erfahren. Und wer länger bleiben möchte, kann hier gleich noch eine Ferienwohnung mieten.

Kuchenangebot: Es werden täglich 18 bis 20 verschiedene Kuchen angeboten, darunter natürlich viele Obstkuchen, keine runden, sondern allesamt eckig aus dem Backrahmen. Die Kuchen werden ausschließlich mit Obst und Produkten vom Hof hergestellt. Sehr gut ist zum Beispiel die *Himmelstorte* mit hausgemachter Himbeerkonfitüre und Sahnefüllung, sehr frisch und aromatisch auch die *Pfirsich-Sahne-Schnitte.*

Das Besondere: Alle Kuchen werden mit glutenfreiem Mehl gebacken, mit der bio-hellen Mehlmischung der Firma *Seitz* aus Spaichingen, die sich aus Reisvollkornmehl, Maisstärke, Hirsevollkornmehl, Guarkernmehl (glutenfreies Verdickungsmittel) und Xanthanpulver (natürlich vorkommendes Polysaccharid Xanthan, als Verdickungsmittel für Öko-Lebensmittel zugelassen) zusammensetzt.

- ✓ Das Kaffee- und Teeangebot bewegt sich im Rahmen des Üblichen.
- ✓ Kleinere Eiskarte mit Eis von *Kibele* in Hagnau.
- ✓ Reger Außer-Haus-Verkauf.
- ✓ Aufmerksamer und freundlicher Service.

Beeren- und Obsthof Pflegghaar

(Familie Erich Pfleghaar)
Reute 9
88677 Markdorf/Reute
Telefon (0 75 44) 7 20 76
www.beerenzuegle.de

Öffnungszeiten	Hofladen und Café April bis Oktober täglich 9–18 Uhr, November bis März täglich 11–18 Uhr
Plätze	60 Plätze innen, 40 Plätze vor dem Haus
Preisniveau	Günstig
Das Besondere	Glutenfreier Kuchengenuss mit Obst und Produkten vom Beerenhof
Stil & Stimmung	Einfach, rustikal, gepflegt
Draußensitzen	bis

15. Markdorf | *Café di Coppola*

In der Fußgängerzone von Markdorf, im Altstadtkern des Städtchens, liegt das im März 2006 im Geschäft des ehemaligen *Lampen-Meier* eröffnete Café di Coppola. Frau Coppola-Bäder, die eigentlich gelernte Altenpflegerin ist, hat sich einen Traum erfüllt und das Café nach ihren Vorstellungen zusammen mit der *Planer.Gruppe Beck.Braunger* komplett neu gestaltet und mit Designermöbeln und -lampen dem Innenraum ein modernes Ambiente verpasst. Die Theke, die an eine italienische Espressobar erinnern soll, ist nur eine Komponente des Konzepts der Betreiberin, italienische Raffinesse mit süddeutscher Herzlichkeit zu verbinden. Und auch an die Kleinen wurde gedacht: Es gibt eine Spielecke für Kinder, die – zumindest optisch – mit einem Vorhang dezent vom Gastraum abgetrennt ist.

Kuchenangebot: Es gibt täglich eine kleine, aber feine Kuchenauswahl von *Weber & Weiss* aus Friedrichshafen. Im Sommer sind etwa vier verschiedene im Angebot, zum Beispiel eine feine *Zitronentarte*, im Winter stehen bis zu acht Kuchen zur Auswahl. Außerdem gibt es *Apfelstrudel* – wahlweise pur, mit Sahne oder mit Vanilleeis und Sahne.

- Auf der Kaffeekarte steht neben dem Üblichen wie Cappuccino und Caffè Latte zum Beispiel auch ein *Caffè Cioccolata*, ein Espresso mit heißer Trinkschokolade, der in den Richtungen Weiß, Vollmilch und Zartbitter zu haben ist.
  Die kleine Teeauswahl wird von der amerikanischen Firma *just t* bezogen.
- Größeres Frühstücksangebot bis 13 Uhr.
- Eiskarte mit Eis von *Schöller-Mövenpick*.
- Außerdem gibt es kleinere Gerichte wie Rührei, Omelette, Salate, verschiedene *Tramezzini*, *Bruschetta caprese*, Wurstsalat, Flammkuchen, Suppen und von Dienstag bis Freitag ein wöchentlich wechselndes Tagesessen.
- Größere Zeitschriften- und Zeitungsauswahl.

Café di Coppola (Brigida Coppola-Bäder)
Ulrichstraße 5
88677 Markdorf
Telefon (0 75 44) 96 47 43, www.cafedicoppola.de

Öffnungszeiten	Di, Mi, Fr, Sa 9–19 Uhr, Do 8–19 Uhr, So 9.30–18 Uhr, Montag Ruhetag
Plätze	30 Plätze innen, 19 Plätze vor dem Haus
Preisniveau	Mittel
Das Besondere	Kuchengenuss vom Spitzenkonditor im *designed by-Café*
Stil & Stimmung	Ein Hauch *Italianità* am Bodensee
Draußensitzen	☂ bis ☂☂

16. Hagnau | *Der Löwen*

Hagnau, einst ein Fischerdorf, bildet heute zusammen mit Meersburg das Zentrum des Weinbaus am Bodensee. Im Ort befinden sich auch die Gebäude der ältesten badischen Winzergenossenschaft, die 1881 vom Pfarrer, Schriftsteller und Bürgerrechtler Dr. Heinrich Hansjakob gegründet wurde. Dort können Sie auch die typischen Bodenseeweine probieren, zu denen vor allem Weißweine – hier insbesondere der Müller-Thurgau – und Weißherbste zählen.

Mitten im idyllischen Ortszentrum dieses netten Städtchens liegt das Hotel, Restaurant, Bäckerei, Café »Der Löwen«. Drinnen bodenständig-zünftig, erwartet den Gast im Außenbereich ein traumhafter japanischer Teichgarten mit verschiedenen Ahornarten, Kois und Schildkröten. Der Vater des heutigen Betreibers, Hans Bröcker, hat ihn vor 30 Jahren angelegt, und er ist so schön, dass er schon die Seiten von so manchem Hochglanzmagazin schmückte. Der eigentliche Außenbewirtungsbereich befindet sich vorne neben dem Haus, doch auch im Teichgarten gibt es vereinzelte Sitzgelegenheiten. Dort wird nicht serviert, aber man kann sein Gläschen mit nach hinten nehmen und sein Getränk – abends bei

Kerzenlicht – genießen. Der Garten ist jedoch nur für Gäste des Hauses, sprich des Cafés, Restaurants oder des Hotels, frei zu besuchen. Interessant vielleicht noch für alle, die sich den »Löwen« als Domizil für einen längeren Bodenseeaufenthalt aussuchen, ist die Tatsache, dass das Hotel einen Privatstrand hat.

Kuchen & Torten: Solide-bodenständiges Angebot an Kuchen und Torten aus der hauseigenen Konditorei. Die Kuchen sind sehr frisch, die dazu gereichte Sahne sehr gut.

- ✓ Kleines Teeangebot, auch das Kaffeeangebot bewegt sich im Rahmen des Üblichen.
- ✓ Kleine Eiskarte.
- ✓ Außerdem gibt es an Pikantem auf der Karte diverse Salate, hausgemachte Suppen und warme Gerichte wie Käsespätzle, Tagliatelle mit Pesto, Putenschnitzel oder auch ein Rumpsteak.
- ✓ Bei den Gästen sind alle Altersgruppen vertreten, und da der Japangarten eine Attraktion ist, finden sich stets auch viele Touristen und Ausflügler ein.

- Freundlicher Service.
- Sonntags gibt's ab 11 Uhr Weißwurstessen mit Musik.

Der Löwen, Hotel, Restaurant, Bäckerei, Café
(Familie Bröcker)
Hansjakobstraße 2
88709 Hagnau
Telefon (0 75 32) 43 398-0
www.loewen-hagnau.de

Öffnungszeiten	Café: täglich ab 14 Uhr Kuchen und Torten, Kaffee und Eis sowie kleine Gerichte, Abendkarte 18–21 Uhr, Sonn- und Feiertag ab 12 Uhr Mittagstisch, Mittwoch Ruhetag; Bäckerei: Mo, Di, Do, Fr u. Sa 7–12.30 Uhr, 14–18 Uhr, Mi 7–12.30 Uhr, So 7–10.30 Uhr Brötchenverkauf und 14–17 Uhr Kuchenverkauf
Plätze	50 bis 60 Plätze innen, 60 Plätze im Garten
Preisniveau	Mittel
Das Besondere	Solider Kuchengenuss in japanischem Zaubergarten
Stil & Stimmung	Gut bürgerlich drinnen, verträumt-verspielt draußen
Draußensitzen	bis

17. Immenstaad-Kippenhausen | *Café zum Puppenhaus*

Dieses nette Tagescafé befindet sich in Kippenhausen zwischen Hagnau und Immenstaad. Es liegt in der Ortsmitte des Ferienortes direkt am Apfel- und Wein-Spazierweg. Das Café, das im oberen Hausbereich auch mit einem Spa-Wellnessbereich aufwartet, ist in einem denkmalgeschützten Fachwerkhaus untergebracht, einem Bauernhaus aus dem Jahr 1765, das 1989 renoviert und als Café eingerichtet wurde. Im September 2012 wurde es von den jetzigen Eigentümern übernommen und seit Oktober als Café, Lounge und Weinbar weitergeführt. Namengebend für das Café war ein kleines Puppenmuseum, das die Vorgängerin Frau Weber hier eingerichtet hatte und das zahlreiche Besucher aus nah und fern anzog. Die Sammlung wurde im Jahr 2007 aufgelöst. Herr Kratt, geborener Trossinger und ehemaliger Musikgroßhändler, und seine Frau, Madeirenserin, ehemalige Nachrichtensprecherin, Fernsehjournalistin und TV-Moderatorin, Diplom-Therapeutin und -Kosmetikerin, betreiben ihr »Café zum Puppenhaus« mit viel Engagement und persönlichem Einsatz.

Kuchenangebot: Unter der Woche stehen sechs, am Wochenende bis zu zwölf verschiedene Kuchen und Torten zur Auswahl. So gibt es zum Beispiel *Käse-Mohn-Kuchen*, saisonal ausgerichtete Obstkuchen mit Mürbeteigboden, *Joghurt-Torte*, *Schwarzwälder Kirschtorte* oder auch eine *Schokoladentarte*, die alle von einer angestellten Konditorin im Haus hergestellt werden. Sehr zu empfehlen ist der *Käsekuchen*, der durch eine feine Textur der Quarkmasse besticht, oder auch der *Apfelrahmkuchen*, der sich von dem üblichen durch eine Florentiner Mandeldecke abhebt.

Die servierten Kuchenstücke sind recht üppig, ebenso die vorzüglichen Sahnetuffs, die auf Wunsch zum Kuchen gereicht werden.

- ✓ Das Kaffee- und Teeangebot bewegt sich im Rahmen des Üblichen: Kaffee, Cappuccino, Espresso, Latte macchiato, Milchkaffee ...
- ✓ Eiskarte mit Eis von *Mövenpick*.
- ✓ Außerdem gibt es an Deftigem verschiedene Suppen, hausgemachte Quiches und Salate. Donnerstag, Freitag und Samstag werden portugiesische und spanische Tapas serviert.
- ✓ Aufmerksamer und freundlicher Service.

✓ Unter den Gästen finden sich gleichermaßen Einheimische wie Touristen und Stammkunden, die auch von weiter herkommen.

Café zum Puppenhaus
(Marina Freitas Kratt
und Jürgen Kratt)
Kirchberger Straße 15
88090 Immenstaad-
Kippenhausen
Telefon (0 75 45) 9 01 09 20
www.puppenhaus-bodensee.de

Öffnungszeiten	April bis Oktober täglich 10–18 Uhr, November bis März Samstag und Sonntag 10–18 Uhr. Zur Sicherheit vor einem Besuch telefonisch nach den aktuellen Öffnungszeiten fragen.
Plätze	Circa 50 Plätze innen, circa 50 Freiplätze
Preisniveau	Günstig bis mittel
Das Besondere	Kaffee und Kuchen im denkmalgeschützten Fachwerkhaus
Stil & Stimmung	Antike Sofas und Spitzendeckchen
Draußensitzen	☂ bis ☂☂

18. Friedrichshafen-Fischbach | *Café Höpker*

Ein Café ohne Seeblick, aber dafür mit umso besserer Qualität. Denn: Weitab vom See muss die Qualität gut sein, das Ambiente ansprechend und der Service aufmerksam. Alle diese Kriterien erfüllt mit Sicherheit das Café Höpker, das mitten im grünen Wohngebiet Fischbachs, einem Ortsteil von Friedrichshafen, liegt. Neben der bemerkenswerten Kuchenqualität machen nicht nur der lauschige Garten und die liebevoll gestalteten Innenräume, sondern auch der ausgesprochen nette Service das Café zu einer besonderen Adresse. Der engagierte Familienbetrieb feierte im Mai 2013 sein 60-jähriges Bestehen. Seine Ursprünge gehen also auf das Jahr 1953 zurück. Damals arbeitete Heinz Höpker als Konditor in verschiedenen Confiserien und Konditoreien in der Schweiz, als ihn unverhofft ein Telegramm von zu Hause erreichte: *Kündige sofort – stopp – Genehmigung erteilt – stopp – deine Mutter!* Oma Höpker hatte ihre Idee, in dem damaligen Siedlungshäuschen ein kleines Café mit Konditorei zu eröffnen, entschlossen verfolgt und tatsächlich eine Genehmigung erhalten. Seit dieser Zeit führt Heinz Höpker, ein Konditor aus Leidenschaft, das Café

mit Engagement und Herz, unterstützt von seinen drei Töchtern, die den Service bestreiten.

Kuchen & Torten: Täglich, auch am Wochenende, gibt es an die 30 verschiedene Kuchen und Torten. Zum Tortenangebot gehört auch die herrlich luftig-leichte aromatische *Höpker-Torte*, die Haustorte, eine Kreation aus Orangensahne mit Zitronenbiskuitrouladen-Scheiben am Rand. Ein Traum ist auch die *Champagner-Mousse-Torte*, eine saisonale Tortenkreation des Cafés, die es nur in der Erdbeersaison gibt. Aber auch den Klassiker deutscher Konditorenkunst, die *Schwarzwälder Kirschtorte*, kann man hier genießen. Und die gebackenen Kuchen sind auch nicht zu verachten.

- ✓ Große Eiskarte mit Eis und Eisgetränken aus eigener Herstellung.
- ✓ Frühstücken kann man hier natürlich auch.
- ✓ Außerdem gibt es pikante Gerichte wie Salate, Flammkuchen und Suppen und eine wechselnde Wochenkarte für ein kleines Mittagessen mit Vorspeise, Hauptgang und Dessert.

✓ Laut einer Umfrage liegt das mittlere Alter der Besucher des Cafés bei 34 Jahren. Im Unterschied zum üblichen Bodenseepublikum, das eher im mittleren Altersbereich liegt, hängt der relativ junge Altersdurchschnitt des Höpker-Publikums sicherlich mit der in Friedrichshafen angesiedelten FH zusammen.

Café, Confiserie Höpker (Heinz Höpker)
Birnauweg 10
88048 Friedrichshafen-Fischbach
Telefon (0 75 41) 4 12 72, www.cafe-hoepker.de

Öffnungszeiten	Di bis Sa 9.30–18.30 Uhr, So 10–18.30 Uhr, Montag Ruhetag
Plätze	80 Plätze innen, 100 Plätze auf der Terrasse und im Garten
Preisniveau	Mittel
Das Besondere	Höchste Qualität in grüner Idylle
Stil & Stimmung	Leger-entspannte Wohlfühlatmosphäre mit sehr nettem Service
Draußensitzen	

Friedrichshafen

Mit Friedrichshafen verlassen wir den ländlichen Bodensee. Die Stadt, die 1811 aus der Zusammenlegung von Buchhorn und dem Kloster Hofen auf Weisung von Friedrich von Württemberg entstand, ist heute eine lebhafte Industriestadt, die seit dem Bau der Zeppeline untrennbar mit der Luftfahrt verbunden ist. Daneben ist die Stadt, die im Zweiten Weltkrieg auf Grund ihrer kriegswichtigen Industrie zu zwei Dritteln zerstört wurde, heute Sitz bedeutender Zulieferfirmen für die Autoindustrie. Ferner hat sie sich als Universitäts- und Messestadt etabliert.

Das Zeppelin-Museum im Hafenbahnhof zeigt nicht nur die weltgrößte Sammlung zur Geschichte der Luftschifffahrt, sondern beherbergt auch eine bedeutende Sammlung zur Kunst des Südwestdeutschen Raumes vom späten Mittelalter bis zur Moderne.

Die ausgedehnten Anlagen an der See- und Uferstraße laden zum Bummeln ein. Hier befindet sich auch der Hafen für die Fahrgastschiffe der »Weißen Flotte«, die alle wichtigen Orte am Bodensee ansteuern.

19. Friedrichshafen | *Weber & Weiss*

In Friedrichshafen befindet sich das Traditionsunternehmen Weber & Weiss, ein Konditoreibetrieb mit einem bemerkenswert großen und qualitativ hochwertigen Kuchen-, Torten- und Confiserieangebot, das seine feinen Produkte auch an einige Cafés der Umgebung liefert. Confiseur Michael Weiss führt die Konditorei, die 1932 gegründet wurde, in dritter Generation. Sein Betrieb wurde als bisher einziges deutsches Unternehmen in die Schweizer *Chaîne Confiseur*, einem Zusammenschluss der neun exklusivsten Schweizer Chocolatiers, aufgenommen. Pralinen, Kuchen, Torten, Eis und Gebäck werden täglich in Handarbeit frisch hergestellt. Das Stammhaus in der Charlottenstraße ist ein Ladengeschäft und bietet keine Sitzgelegenheiten, aber das Stadtcafé in der Innenstadt nördlich der Eisenbahnstraße hält einige Tische im rückwärtigen Bereich des Cafés und einige Plätze vor dem Haus in der Fußgängerzone bereit. Leider ist dort Selbstbedienung angesagt, und die schriftlich angebrachte Aufforderung draußen, das Geschirr selbst abzuräumen und in einen Holzwagen zu stellen, in dem auch Filzdecken aufbewahrt werden, die sich die Gäste bei Bedarf nehmen können, mutet angesichts des hohen Qualitätsanspruchs im

Produktionsbereich etwas seltsam an. Weber & Weiss ist eine hervorragende Kaufadresse, und in der warmen Jahreszeit ist ein Plätzchen in der Fußgängerzone als Zwischenstopp auf der Einkaufstour aufgrund der Qualität des Angebots allemal ein Tipp.

Kuchen, Torten & Confiserie: Hauseigene handgeschöpfte Schokoladen, darunter auch edle Grand Crus, und eine Vielfalt an Pralinen füllen die Regale im Stammhaus und im Café. Eine der Spezialitäten des Hauses ist die *Zeppelinpraline*, eine eingetragene Marke, die es in zwei Varianten gibt: als Edelvollmilchversion, gefüllt mit einer Verbindung aus Haselnusskrokantmasse, Mandelnougat und Schokolade, und als Zartbittervariante, die mit mild-herber Trüffelcreme und jamaikanischem Wein gefüllt ist. Daneben gibt es *Zeppelin-Pasteten*, *Zeppelin-Lollis*, *Zeppelin-Nougattaler*, *Zeppelinbilder* und *Schokoladen-Zeppeline*.

Im Kuchen- und Tortenreigen ist die ebenfalls als Marke eingetragene Haustorte, die *Zeppelintorte*, sehr zu empfehlen. Dünne, saftige Biskuitscheiben, nach altem Hausrezept gebacken, piemontesische Nüsse, feinster Rum und frisches Pflaumenmus bilden die Basis dieses Tortentraums. Abgedeckt ist die Torte mit einer hauchdünnen Marzipan-Kakao-Schicht und dekoriert mit Edelvollmilch-Zeppelinen.

Auch der *Himbeerkuchen* von Weber & Weiss unterscheidet sich deutlich von dem, was üblicherweise als Himbeerkuchen auf Biskuit serviert wird. Diese Komposition aus zartem Mürbeteig, hellem Biskuit und einer feinen hellen Mousse, gekrönt von einem fruchtig-frischen Himbeerbelag und mit einem Guss, der so sparsam eingesetzt wird, dass gerade nur der Fruchtbelag stabilisiert wird, ist raffiniert und extravagant zugleich.

✓ Der Kaffee ist gut, die Kaffeespezialitäten sind mit Kaffee von *Mäder Original Swiss Cafe* zubereitet.

Weber & Weiss (Michael Weiss)
Café: Wilhelmstraße 23, 88045 Friedrichshafen
Conditorei & Confiserie (Stammhaus): Charlottenstraße 11
88045 Friedrichshafen
Telefon (0 75 41) 2 17 71, www.weber-weiss.de

Öffnungszeiten	Café Mo bis Do und Sa 9–18 Uhr, Fr 8.30–18 Uhr, Sonntag Ruhetag; Stammhaus Mo 10–17 Uhr, Di–Fr 8.30–18 Uhr, Sa 8–15.30 Uhr, So 12.30–16 Uhr
Plätze	Café Wilhelmstraße circa 20 Plätze innen, circa 35 vor dem Haus
Preisniveau	Mittel
Das Besondere	Außergewöhnlich gute Kuchen, Torten und Confiserie
Stil & Stimmung	Selbstbedienungsfeeling im Gastraum und auf den Plätzen in der belebten Fußgängerzone
Draußensitzen	⛱

20. Friedrichshafen | *Gessler 1862*

Eine kleine Auswahl der feinen Waren von *Weber & Weiss* (s. S. 65) kann man auch an einem anderen Ort in Friedrichshafen kosten, nämlich im Gessler 1862, das ein trendiges Konzept verfolgt. Nach einem Umbau 2012 präsentiert sich der Laden in der stark befahrenen Friedrichstraße parallel zur Uferpromenade jetzt als Buchladen mit Geschenkartikelangebot und angeschlossener Gastronomie. Ganz im Trend liegt auch die Durchführung von Themenabenden und Events. Die Grenzen der verschiedenen Bereiche sind fließend, der Café-Bereich mit einigen Tischen und einer Theke im Hintergrund geht in den Buchbereich über, wo locker bestückte Regale mit Bildbänden zu Kunst, regionalen Themen, Wandern & Reisen, Essen & Trinken und Belletristik stehen. Dazwischen sind Tische platziert mit Arrangements aus Büchern, Lesezubehör und allerlei schönen Dingen wie Kerzen, Spiele, edle Schreibgeräte und Hochprozentiges, Dinge, die keiner wirklich braucht, die das Leben aber netter machen. Und weil man hier auf Qualität Wert legt, werden auch Konditorwaren von *Weber & Weiss* angeboten. Dazu gibt es Kaffee von einer Kaffeerösterei in Dresden und Teekreationen, die in einem Hamburger Teekontor eigens für Gessler 1862 zusammengestellt werden. Morgens kann man frühstücken, mittags gibt es neben Kaffee, Tee und Kuchen belegte Sandwiches und Wraps, abends (Do bis Sa bis 1 Uhr) werden Antipasti und verschiedene Weine angeboten. Schmökern während des Essens ist erlaubt und dazu gibt's noch freies WLAN.

Gessler 1862
Friedrichstraße 53
88045 Friedrichshafen
Telefon (0 75 41) 7 00 60, www.gessler1862.de

Öffnungszeiten Mo bis Mi 9–20 Uhr, Do bis Sa 9–1 Uhr, So 11–18 Uhr

21. Friedrichshafen | *Kurhaus-Café im GZH*

Eine weitere Adresse in Friedrichshafen, die die exquisiten Kuchen und Torten von *Weber & Weiss* (s. S. 65) anbietet, ist das Kurhaus-Café im Kultur- und Congress-Centrum Friedrichshafen, dem Graf-Zeppelin-Haus. Die im Haus ansässige Föhrgastronomie betreibt das Café mit Terrasse im ersten Obergeschoss. Von hier hat man einen schönen Ausblick auf den Hafen des Württembergischen Yacht-Clubs (WYC). Neben den guten Kuchen gibt es noch ein Eisangebot der Gastronomie-Eismarke *Carte d'Or* und eine Hausspezialität, den *Original schwäbischen Apfelstrudel*, warm serviert und wahlweise mit Sahne, Vanillesoße oder mit Vanilleeis und Sahne.

Kurhaus-Café im Graf-Zeppelin-Haus
(Betreiber: Föhrgastronomie)
Olgastraße 20, 88045 Friedrichshafen
Telefon (0 75 41) 3 20 33, www.foehr-gastronomie.de

Öffnungszeiten Täglich von 10–18.30 Uhr

Preisniveau Gehoben

22. Tettnang | *Conditorei am Oberhof*

Tettnang liegt ein paar Kilometer vom Bodenseeufer entfernt in einer Gegend, in der sehr viel Hopfen angebaut wird. Deshalb wird Tettnang oft auch die Hopfenstadt genannt. Hier liegt an einer vielbefahrenen Straße in einem Gewerbe-Wohngebiet die Conditorei am Oberhof. Im ansprechenden Verkaufsraum präsentiert sich eine Produktpalette, die von Torten, Kuchen und verschiedenen Gebäckspezialitäten wie *Baumkuchen*, wahlweise überzogen mit Zartbitterschokolade oder feiner Zuckerglasur, *Engadiner Walnusstorte*, eine Schweizer Spezialität aus dem Engadin mit Walnüssen, Honig und Sahne im feinen Buttermürbeteig, und *Linzer Torte* über hausgemachtes Eis und Marmeladen, Schokoladetafeln aus Schweizer Kuvertüre bis zu 30 Sorten Pralinen reicht. Im umfangreichen Confiserieangebot aus eigener Herstellung werden neben der großen Auswahl an Pralinen – darunter auch die Spezialität des Hauses, die *Hopfenpralinen* – verschiedene saisonal ausgerichtete Kleinigkeiten aus Schokolade angeboten. In der Adventszeit sind *Butter-Christstollen* nach Dresdner Art, *Elisenlebkuchen*, *Baumkuchenspitzen*, *Dominosteine*, *Früchtebrot*, 20 Sorten Weihnachtsgebäck und natürlich

Weihnachtsmänner aus Schokolade im Sortiment. Alle Konditorwaren werden, wie die freundliche Chefin versichert, ausschließlich aus frischen Zutaten ohne Fertigmittel und Konservierungsstoffe hergestellt. Vor allem die Sahnetorten, die mit ihrem kleinen Durchmesser an französische Pâtisserie erinnern, sind sehr zu empfehlen. Auch gibt es immer mal wieder neue, an die jeweilige Saison angelehnte Kreationen.

Conditorei am Oberhof • Confiserie und Café
(Christian Schafnitzel)
Oberhoferstraße 36
88069 Tettnang
Telefon (0 75 42) 5 45 46, www.conditorei-am-oberhof.de

Öffnungszeiten Di bis Fr 8–18 Uhr, Sa 7.30–17 Uhr, Sonn- und Feiertag 9–17 Uhr, Montag Ruhetag

Preisniveau Mittel

23. Tettnang | Chocova

Gut besuchtes Ladengeschäft mit einigen Sitzgelegenheiten drinnen und auf der Straße vor dem Haus. Der Laden führt ein großes Sortiment an Schokoladenprodukten, darunter Edelmarken wie *Michel Cluizel* und *Dolfin*. Ebenso eine große Palette an Bonbons, die in schönen Bonbongläsern präsentiert werden. Zum Trinken gibt es ein größeres Kaffee- und Teeangebot, außerdem 20 Sorten Trinkschokolade. Dazu gereicht werden selbstgemachte Tartes und an Pikantem Suppen, Quiche Lorraine und Sandwichbrote. Zum Mitnehmen stehen neben Kaffee und Wein vielerlei Geschenkartikel wie Geschirr, Kerzen und allerlei Kistchen, Kästchen, Döschen und andere Dekoartikel zum Verkauf.

Für einen kurzen Zwischenstopp sind die Plätze im Laden ganz nett. Die Freiplätze vor dem Haus an der stark befahrenen Geschäftsstraße sind weniger einladend.

Chocova · Chocolaterie, Kaffeespezialitäten
(Svetlana Zakrevskaia-Richter)
Karlstraße 31
88069 Tettnang
Telefon (0 75 42) 9 44 85 20, www.chocova.de

Öffnungszeiten Mo bis Fr 8–18 Uhr, Sa 8–14 Uhr

24. Langenargen | *Lang's Strand-Café*

Highlights dieses kleinen Urlaubsortes, der direkt am Bodensee liegt, sind die lange Uferpromenade und die gepflegte Uferanlage. Hier liegt auch Lang's Strand-Café, ein großvolumiges Tagescafé in ruhiger Lage mit großer Außenterrasse. Von hier aus genießt man den Blick auf das »Schwäbische Meer« und bei guter Sicht auf den 2500 Meter hohen Säntis mit seinem prächtigen Bergmassiv. Auf der eng bestuhlten Sonnenterrasse mit ihren unbedruckten gelben und gelb-blauen Schirmen und dem Mobiliar aus Kunststoffgeflecht kann es allerdings bei großem Andrang etwas rummelig werden.

Kuchen, Torten, Confiserie: Unter dem feinen Kuchen- und Tortenangebot gibt es zum Beispiel die Haustorte *Nuss Spezial*, ein nussig-zarter Rührteig, der mit Rum getränkt und mit ganz wenig Buttercreme ergänzt wird. Den Abschluss dieser alkoholbetonten Köstlichkeit bildet eine Puderzuckerdecke. Auch bei der *Schwarzwälder Kirschtorte* kann man sich nicht über zu sparsamen Umgang mit der alkoholischen Komponente beschweren. Die Kuchenstücke sind dagegen eher zierlich.

Neben den Kuchen und Torten hält Herr Lang ein Confiserieangebot bereit. Unter diesem sind die *Langenargener Nüssle*, eine Noisette-Spezialität in hell und dunkel, die ausgezeichnet schmecken.

- ✓ Kleines solides Kaffeeangebot einer deutschen Marke, auch Kaffeespezialiäten mit Alkohol und größeres Teeangebot – nur im Kännchen.
- ✓ Große Eiskarte mit hausgemachtem Eis.
- ✓ Kleines Frühstücksangebot.
- ✓ Auf der Karte für Pikantes stehen Suppen, Quiche Lorraine, Ragout fin, Omelette, Salate und Vesperteller.
- ✓ An weniger frequentierten Tagen ist der Service freundlich, bei voller Auslastung des Cafés jedoch gelegentlich gestresst.

Lang's Strand-Café, Konditorei, Confiserie, Hotel & Gästehaus
(Peter Lang)
Obere Seestraße 32
88085 Langenargen
Telefon (0 75 43) 93 20 0, www.strand-cafe-lang.de

Öffnungszeiten	Täglich von 10–22 Uhr, in den Sommermonaten Montag 14–18 Uhr, in den Wintermonaten Montag Ruhetag
Plätze	Drinnen 90 bis 100 Plätze, auf der Terrasse circa 120 Plätze, einige weitere Tische vor der Terrasse zum See hin mit circa 30 Plätzen
Preisniveau	Mittel
Das Besondere	Kaffee- und Kuchengenuss mit See- und Alpenblick
Stil & Stimmung	Gediegen-traditionell
Draußensitzen	

25. Langenargen | *Bäckerei Metzler*

Nicht nur eine gute Adresse für Brot, das aus natürlichen und regionalen Zutaten in traditioneller Handarbeit gebacken wird. Aus dem Kuchen- und Tortenangebot besonders zu empfehlen ist der *Bienenstich*, als Blechkuchen gebacken und gefüllt mit einer Vanillesahne ohne künstliche Aromen und mit einer feinen Mandeldecke. Gut sind auch die Obstkuchen wie beispielsweise die sehr frische *Johannisbeersahne-Torte*, die aus einem zarten lockeren Biskuit besteht, der mit frischer Sahne und untergehobenen feinen Beeren gefüllt ist. Außerdem sind hier hervorragendes *Laugengebäck* und sehr gute gefüllte *Focacce* sowie belegte *Seelen* zu haben. Drinnen und draußen gibt es ein paar Plätze, um all das auch im Sitzen zu genießen.

Bäckerei Metzler (Tobias Metzler)
Klosterstraße 1, 88085 Langenargen
Telefon (0 75 43) 24 42, www.baeckerei-metzler.de

Öffnungszeiten Mo bis Fr 6.30–18 Uhr, Sa 6–13 Uhr, So (Mai bis September) 7–11 Uhr

Preisniveau Mittel

26. Kressbronn | *s'Hofcafé am Schleinsee*

Ein kleiner Abstecher vom Bodensee führt uns in den nördlichen Rand der Gemeinde Kressbronn. Hier, im sonnigen Hinterland des Bodensees, liegt das Hofgut Schleinsee, das man über eine idyllische Zufahrt durch Felder, Wiesen und Obsthaine erreicht. Außer dem Hofgut der Gührers, einem reinen Viehbetrieb, der mittlerweile in der siebten Generation geführt wird, besteht der kleine Ortsteil von Kressbronn nur noch aus drei weiteren Häusern, einer Kapelle und dem Pfarrhaus. Zum Hofladen und den fünf Ferienwohnungen ist im November 2012 noch ein Tagescafé dazugekommen, das Maria Gührer, in der Region bekannt als Siegerin des SWR-Kochduells »Lecker aufs Land«, und ihre Tochter Verena führen. Die Mutter, »Meisterin der ländlichen Hauswirtschaft«, backt die Kuchen und Torten, die Tochter ist für den Service im Café zuständig. Alles wirkt noch recht neu, insbesondere die Terrasse vermittelt nicht den Eindruck eines traditionsgeprägten Hofgut-Cafés. Ein Nachteil, der so manchem Gast die Freude am Kaffeetrinken trüben

kann: Aufgrund der Viehwirtschaft des Guts ist das Mückenaufkommen hier sehr hoch, besonders bei Windstille wird man auf der Terrasse sehr von den Quälgeistern geplagt. Das macht aber die idyllische Lage des Cafés wett. Vom Bänkle auf der Anhöhe ein paar Schritte vom Café entfernt sieht man im Vordergrund den Schleinsee und im Hintergrund den Bodensee.

Kuchen & Torten: Im Angebot sind die von Maria Gührer in der Hofgutsbackstube selbstgebackenen Kuchen, Torten, Strudel und Zöpfe. Die Tortenspezialitäten des Hauses sind die *Fribourger Kirschtorte*, bestehend aus einem Nussboden, Sauerkirschen, einer Creme aus Schmand und Sahne und Butterstreuseln sowie die *Himmelstorte*, je nach Saison mit Johannisbeeren, Stachelbeeren, Heidelbeeren oder Sauerkirschen.

Im Angebot sind stets vier verschiedene Torten und zwei unterschiedliche Obstkuchen auf Mürbeteig. Das Obst für die Kuchen liefern die Obstbaubetriebe der Nachbarn. Im Winter gibt es mehr Buttercremetorten.

✓ Das Kaffee- und Teeangebot bewegt sich im Rahmen des Üblichen.

✓ Reichhaltiges Frühstücksangebot mit mehreren Sorten Käse vom Hofgut, Aufschnitt, gekochten Eiern, Müsli, frischen Früchten, Butter, hausgemachter Marmelade, Honig, Joghurt, Quark, Cornflakes, Brot, Brötchen, Toast und dem frischgebackenen Sonntags-Butterzopf.

✓ Das *Lange Hofgut-Frühstück* gibt es sonn- und feiertags von 9 bis 11.30 Uhr an bestimmten Terminen und nur mit Anmeldung, ein *Frühstücksbuffet* immer von 8 bis 10 Uhr und das *Saison-Hofgut-Frühstück* von April bis Oktober Mo bis So 8 bis 10 Uhr, aber nur mit Anmeldung.

✓ Außerdem gibt ein kleines Angebot an deftigen Speisen wie selbstgebackenes Brot mit diversen Belägen, Hofgutkäse mit Würzmarmelade, Aufschnitt, Wurstsalat, Aufstriche und Dips oder auch Carpaccio vom Kalb, Tomaten mit rotem Weichkäse und Russische Eier.

- Jeden Donnerstag werden ab 17 Uhr *Dinnete* serviert. Nach alter Bauerntradition direkt nach dem Anheizen im Steinbackofen gebacken, gibt es sie in drei pikanten (Speck, Zwiebeln, Käse; Lauch, Zwiebeln, Käse, Kümmel; Speck, Lauch, Zwiebeln, Käse) und einer süßen Variante (mit Äpfeln, Mandeln und Zimt). Dazu wird Wein, Saft, Most oder Bier serviert.
- Bei hohem Andrang muss manchmal mit längeren Wartezeiten gerechnet werden.

s'Hofcafé am Schleinsee, Hofgut Schleinsee (Familie Gührer)
Schleinsee 3
88079 Kressbronn
Telefon (0 75 43) 64 67, www.schleinsee.de

Öffnungszeiten	Kaffee, Kuchen und Vesper Do (ab April), Fr und Sa ab 14 Uhr, Sonn- und Feiertage ab 12 Uhr
Plätze	Circa 60 Plätze innen, 60 Plätze auf der Terrasse
Preisniveau	Mittel
Das Besondere	Ambitioniertes Hofgut-Café im sonnigen Bodenseehinterland
Stil & Stimmung	Ländlich-rustikal
Draußensitzen	

27. Kressbronn-Betznau | *Betznauer Bauerncafé*

Im Wohngebiet des idyllisch gelegenen Dorfs Betznau, einem weiteren Ortsteil von Kressbronn, finden Sie das Bauerncafé der Familie Hauber. Seit wenigen Jahren betreiben die Haubers das Café mit einer persönlichen Note. Im Haupterwerb wird Hopfen und Obst angebaut, was auch die eingeschränkten Öffnungszeiten des Cafés erklärt. Das Café wird mit viel persönlichem Engagement der ganzen Familie geführt und von den Gästen gut angenommen, die auch von weiter herkommen, zum Beispiel aus Österreich und der Schweiz.

Kuchen & Torten: Zehn bis fünfzehn verschiedene Kuchen und Torten sind im Angebot. Alle sind hausgemacht und werden mit eigenen Produkten und wenig Zugekauftem aus der Region hergestellt. Sehr zu empfehlen sind unter anderem die *Himmelstorten*, zum Beispiel die Variante mit Sauerkirschen, *Kirschtorte* genannt. Diese besteht aus zwei mit Baisermasse bedeckten Rührteigböden, die mit Sauerkirschen und Sahne gefüllt werden.

Einziger Wermutstropfen: Man kann sich seinen Kuchen nicht an einer Kuchentheke oder Glasvitrine aussuchen, da alle Köstlichkeiten in der angrenzenden Küche gelagert und erst nach der Bestellung von dort geholt werden. Aber man kann sich auf alle Fälle – auch unbesehen – auf die Qualität der Kuchen und Torten verlassen.

- ✓ Eiskarte mit zugekauftem Eis.
- ✓ Außerdem gibt es Bauernvesper, Schnäpse aus der eigenen Brennerei, Liköre sowie Most.
- ✓ Der äußerst sympathische Service wird von Frau Hauber und ihren Töchtern bestritten.

Betznauer Bauerncafé (Familie Hauber)
Am Rain 5
88079 Kressbronn-Betznau
Telefon (0 75 43) 89 39, www.betznauer-bauerncafe.de

Öffnungszeiten	Fr, Sa und So ab 14.30 Uhr und nach Vereinbarung, Betriebsferien telefonisch erfragen oder über die Homepage informieren
Plätze	64 Plätze innen, 40 Plätze im Garten bzw. auf der Terrasse vor dem Haus
Preisniveau	moderat
Das Besondere	Hausgemachte Kuchen und Torten bester Qualität in dörflicher Idylle
Stil & Stimmung	Gemütlich-familiär
Draußensitzen	

28. Kressbronn | *Bäckerei Zeh*

Den ultimativen *Nusszopf* gibt's beim Bäcker Zeh in Kressbronn, aber nur freitags und samstags! Außerdem hervorragendes Plundergebäck, zum Beispiel die *Plundertaschen* mit Apfel- oder Zwetschgenfüllung, bei denen eine saftige, sehr aromatische Füllung von einem zarten, lockeren Plunderteig umgeben ist. Erfreulich dabei ist auch, dass die Plunderteilchen mit nur wenig Zuckerguss auskommen.

Und dann gibt es da noch den *Bodensee-Kuchen im Glas*, den die Bäckerei Zeh exklusiv für die *Glücksmanufaktur* (www.die-gluecksmanufaktur.de) in Konstanz herstellt. Es gibt ihn in den Varianten Zitrone und Schokolade und je nach Anlass und Beschenktem zu haben als *Geburtstags-Kuchen, Einfach-so-Kuchen, Alles-Gute-Kuchen, Mitbewohner-Kuchen, Konstanz-Kuchen, Bodensee-Kuchen, Dankeschön-Kuchen* oder *Ich-liebe-dich-Kuchen.*

Bäckerei Zeh (Karl-Hermann Zeh)
Seestraße 21
88079 Kressbronn
Telefon (0 75 43) 63 14, www.baeckerei-zeh.de

Öffnungszeiten Mo bis Fr 6.30–18 Uhr, Sa 6.30–12.30 Uhr

Filialen in Eriskirch und Nonnenhorn

Bäckerei Zeh
Greuther Straße 3
88097 Eriskirch
Telefon (0 75 41) 8 09 32 88

Öffnungszeiten Mo bis Fr 6.30–18 Uhr, Sa 6.30–12.30 Uhr

Bäckerei Zeh
Seehalde 15
88149 Nonnenhorn
Telefon (0 83 82) 82 73

Öffnungszeiten Mo bis Sa 6.30–12.30 Uhr,
Do und Fr 14.30–18 Uhr

29. Nonnenhorn | *Haus am See*

Mit Nonnenhorn betreten wir bayerischen Boden. Die idyllisch gelegene Gemeinde bezeichnet sich selbst als Wein- und Luftkurort. Touristisches Prunkstück ist das Strandbad, das mit einem beheizten Becken auch dann Bademöglichkeiten bietet, wenn es im See zu kalt ist.

Direkt am See liegt auch das Uferhotel Haus am See. Es punktet mit einem eigenen Badestrand und einer außergewöhnlich schönen Gartenterrasse zum See hin. Unbedruckte weiße Sonnenschirme, ansprechendes Mobiliar und freier Blick auf das Appenzeller Alpenpanorama – da fühlen sich Hotelgäste und Besucher gleichermaßen wohl. Aber man ist hier ja schließlich auch an der bayerischen Riviera. Das Preisniveau ist etwas höher und dementsprechend rekrutiert sich das Publikum auch überwiegend aus Damen und Herren des gehobenen Mittelstands. Natürlich kommt man als Besucher wegen des beliebten Gartens hierher und genießt Kaffee und Kuchen nicht unbedingt im nüchternen Allerweltsambiente des Hotels, wo man bei schlechtem Wetter natürlich auch sitzen kann.

Kuchen & Torten: Im nicht allzu großen Kuchenangebot sind Klassiker wie *Apfelkuchen*, *Käsekuchen*, *Nuss-Kirsch-Kuchen* mit Schokolade, saisonale Obstkuchen wie *Aprikosenkuchen*, aber auch mal eine Torte wie die *Mokkatorte* mit Heidelbeeren.

- ✓ Im Kaffeeangebot, das sich grosso modo im Rahmen des Üblichen bewegt, gibt es einen Schümli, aber auch Cappuccino, Milchkaffee, Espresso – die Latte macchiato darf natürlich auch nicht fehlen. Daneben kleines Angebot an offenen Tees.
- ✓ Auf der Eiskarte stehen diverse Eisbecher, die mit zugekaufter Ware zubereitet werden.
- ✓ Netter professioneller Service.

Haus Am See, Hotel, Restaurant, Café (Hans-Peter und Silvia Knörle)
Uferstraße 23
88149 Nonnenhorn
Telefon (0 83 82) 9 88 51-0, www.hausamsee-nonnenhorn.de

Öffnungszeiten	Kaffee und Kuchen täglich 14.30–17 Uhr, Mittwoch Ruhetag
Plätze im Garten	Circa 80 Plätze
Preisniveau	Mittel bis gehoben
Das Besondere	Kaffee und Kuchen zwischen üppigen Hortensien und eingetopften Mandarinen
Stil & Stimmung	Gediegen-gepflegt
Draußensitzen	

30. Wasserburg | *Sporrädles Obsthof*

Im Dorfzentrum von Hege, das zum Luftkurort Wasserburg gehört, liegt der Obsthof der Sporrädles. Hier wird vielerlei Obst angebaut – neben verschiedenen Apfel- und Birnensorten auch Kirschen und Zwetschgen – und in der hauseigenen Brennerei Schnaps gebrannt. Seit 2009 ist dem Hof ein *Dorflädele* angeschlossen, das im Frühjahr 2010 durch ein kleines Café erweitert wurde. Im *Dorflädele* kann man nicht nur die Produkte vom Hof wie Obst, Schnäpse, Liköre, Marmeladen, Dörrobst, Honig, Most und Apfelsaft kaufen, sondern auch allerlei Dekoartikel wie Porzellan, Kerzen und Karten sowie Schmuck, Selbstgestricktes und -genähtes. Alles in allem auch eine geeignete Adresse für Familien mit Kindern, die sich ungestört auf dem Hof bewegen können. Wer seinen Aufenthalt verlängern möchte, kann sich auch in eines der drei Ferienhäuser mit Dreiländerblick einmieten.

Kuchen & Torten: Immer im Angebot sind zwei bis drei Torten und fünf bis sechs Kuchen. Die meisten sind hausgemacht, einige wenige werden zugekauft. Selbstverständlich gibt es eine Auswahl an gebackenen Obstkuchen, aber auch Tortenklassiker wie *Schwarzwälder Kirschtorte* oder auch eine *Cappuccino-Torte*, hergestellt aus lockerem hellen Biskuit und frischer Cappuccino-Sahne.

Die Kuchen und Torten werden in zwölf Stücke geteilt, die Stücke sind entsprechend groß und – wären sie nicht so gut – kaum zu schaffen.

- ✓ Es gibt auch Eis, das vom *Hotel Adler* in Nonnenhorn bezogen wird.
- ✓ Alternativ zu Kaffee kann man sich hier auch ein Glas frischen Apfelsaft oder Most oder auch ein Glas Wein in ländlicher Atmosphäre schmecken lassen.
- ✓ Wöchentliche Hofführung mit integrierter Schnaps- und Likörverkostung im Stüble von Mai bis Oktober (immer montags 20 Uhr). Sicherlich kann man bei dieser Gelegenheit auch die schmucke Destillieranlage begutachten, die vor einigen Jahren angeschafft wurde.

Sporrädles Obsthof, 's Dorflädele mit Bauerncafé
(Peter und Bettina Sporrädle), Hege 45, 88142 Wasserburg
Telefon (0 83 82) 99 71 39, www.sporraedles-obsthof.de

Öffnungszeiten	Mitte April bis Anfang Oktober: täglich 10–12 Uhr und 13.30–18 Uhr, Dienstag Ruhetag; Anfang Oktober bis Mitte April: Fr und Sa 10–12 Uhr und 14–18 Uhr, Sonntag 14–18 Uhr
Plätze	45 Plätze im Stüble, 40 Freiplätze vor dem Lädele
Preisniveau	Günstig bis mittel
Das Besondere	Kuchengenuss mit rustikalem Flair am bayerischen Bodenseeufer
Stil & Stimmung	Ländlich-kinderfreundlich
Draußensitzen	☂ bis ☂☂

31. Lindau | *Hotel Helvetia*

Gleich am Hafen liegt das vielfach ausgezeichnete Wellness- und Tagungshotel Helvetia, ein Hotel der gehobenen Klasse, das natürlich auch vom entsprechenden Publikum aufgesucht wird. Allerdings finden sich auch viele Touristen jeder Couleur auf der Terrasse vor dem Haus ein. Insgesamt herrscht eine legere Atmosphäre. Von der Terrasse mit Blick auf den Mangturm und die Hafeneinfahrt lässt sich das rege Treiben auf der Uferpromenade wunderbar beobachten. Schade nur, dass die ehemalige Dachgartenterrasse, die früher für den Cafébetrieb freigegeben war, inzwischen in eine Panorama-Sauna umgestaltet wurde und nur noch für Hotelgäste zugänglich ist.

Kuchenangebot: Es gibt täglich sechs verschiedene Kuchen und Torten zur Auswahl. Im Winter ist das Angebot etwas kleiner, einige, wie die *Schokoladen-Trüffel-Torte* oder der *Schoko-Kirsch-Kuchen* sind aber immer dabei. Neben Klassikern wie *Käsesahne* und *Schwarzwälder Kirschtorte* gibt es natürlich auch ein Obstkuchenangebot, das sich an der Saison orientiert.

Die Kuchen sind stückweise auf einzelnen Tellern angerichtet und werden in einer Glasvitrine beim Eingang präsentiert. Eine auf die Vitrine gestellte Tafel erläutert das Angebot.

- ✓ Kleineres Kaffeeangebot, darunter erwartungsgemäß auch ein »Schümli«, ansonsten das Übliche wie Cappuccino, Latte macchiato und Milchkaffee. Teeangebot von *Eilles*.
- ✓ Auch zu haben ist hausgemachter *Apfelstrudel* – wahlweise natur, mit Vanilleeis, mit Vanilleeis und Alpensahne oder mit hausgemachter Bourbon-Vanillesauce.
- ✓ Kleine Eiskarte.
- ✓ Durchgehend warme Küche.
- ✓ Freundlicher professioneller Service.

Hotel Helvetia
(Betreiber: Karl Nitsche GmbH & Co. Hotelbetriebs KG)
Seepromenade 3, 88131 Lindau
Telefon (0 83 82) 91 30, www.hotel-helvetia.com

Öffnungszeiten	Kaffee und Kuchen gibt es täglich ab 11 Uhr
Plätze	Circa 60 Plätze innen, circa 120 Plätze auf der Terrasse vor dem Haus
Preisniveau	Gehoben
Das Besondere	Feines Kaffee- und Kuchenangebot auf nettem Beobachtungsposten
Stil & Stimmung	Leger-gepflegte Wohlfühlatmosphäre in gehobener Kategorie
Draußensitzen	bis

Lindau

Mit Nonnenhorn und Wasserburg bildet Lindau die bayerische Enklave am Bodensee und ist zugleich deren wichtigster Ort. Von der ursprünglichen Insellage ist allerdings heute nur noch wenig zu spüren. Da die Stadt inzwischen mit dem »Festland« verbunden ist, teilt sie mit ihm auch dessen Verkehrsprobleme. Die Innenstadt ist allerdings verkehrsberuhigt oder weitgehend zur Fußgängerzone umgestaltet, so dass man die Sehenswürdigkeiten des Inselstädtchens, das 882 erstmals erwähnt wird, in Ruhe genießen kann.

Zu den Wahrzeichen der Stadt gehört neben dem Alten Rathaus mit seinen prächtigen Wandmalereien auch der Hafen, den eine Statue des bayerischen Löwen und ein Leuchtturm zieren.

32. Lindau | *Theatercafé*

Seit 25 Jahren führt Hans-Jürgen Osner das Theatercafé auf der Lindauer Insel, mitten in der Altstadt etwas abseits von der kommerzialisierten und teilweise überteuerten Uferpromenade und, wie der Name andeutet, in der Nähe des Theaters. Herr Osner betont, dass er für die Herstellung seiner Produkte nur naturbelassene Rohstoffe, vorrangig aus der hiesigen Region, verwendet. Auf alle Fälle hat der Konditor, der in Graubünden in der Schweiz gearbeitet hat, schon einige Auszeichnungen eingeheimst, etwa für seine *Elisenlebkuchen*, seine *Glühwein-Trüffel* und seinen *Butterstollen*.

Kuchen & Torten: Unter dem umfangreicheren Tortenangebot kann man unter anderem wählen zwischen *Trüffeltorte*, *Marzipantorte*, *Herrentorte*, *Nougat-Kuppeltorte*, *Zuger Kirschtorte*, *Nuss-Spezialtorte*, *Cassis-Torte*. Aber es gibt auch *Rüblitorte*, *Käsestreuselkuchen*, klassischen *Himbeerkuchen* auf Biskuit, *Erdbeer-Joghurt-Sahnetorte* und *Gemischte Obsttorte*. Die *Marzipan-Torte* ist sehr saftig, aber auch sehr süß – ein heißer Tipp für veritable Süßmäuler.

Zwei der Hausspezialitäten im Winter sind die prämierten *Elisenlebkuchen* und der *Butterstollen.*

Die *Engadiner Nusstörtchen* indes verraten den Aufenthalt des Meisters in der Schweiz.

- ✓ Kaffeeangebot von *Seeberger*, Tees von *Ronnefeldt.*
- ✓ Extra-Eiskarte mit Konditoreneis.
- ✓ Frühstückskarte.
- ✓ Größeres Confiserieangebot, Tafelschokoladen und Marmeladen.
- ✓ Außerdem gibt es kleine Gerichte wie Suppen, Wienerle, Spiegeleier und Strammer Max.
- ✓ Aufmerksamer und freundlicher Service.

Theatercafé, Conditorei, Confiserie (Hans-Jürgen Osner)
Linggstraße 6
88131 Lindau
Telefon (0 83 82) 2 27 48, www.theatercafe-lindau.de

Öffnungszeiten	Di bis Sa 8.30–18 Uhr, Sonn- und Feiertag 10–18 Uhr, Montag Ruhetag
Plätze	60 Plätze innen, circa 60 Plätze vor bzw. neben dem Haus
Preisniveau	Mittel
Das Besondere	Süße Sünden vom dekorierten Konditor
Stil & Stimmung	Drinnen modern-aufgeräumt, draußen luftiger Rastplatz unter Sonnenschirmen
Draußensitzen	⛱⛱

33. Lindau | *Café Vogler*

Das Haus im Inselgraben beherbergte schon lange, bevor die Familie Vogler 1960 die Geschäfte übernahm, ein Café, das ehemalige Café Zeller. 1990 übergaben Johanna und Fridolin Vogler, die Eltern des jetzigen Betreibers, das Café an ihren Sohn Michael. Seit 1995 unterstützt ihn seine Frau Daniela mit kreativen Ideen und einem unverkennbaren Gespür für neue Produkte. Der Lehr- und Ausbildungsbetrieb feierte 2010 sein 50-jähriges Jubiläum, und die Betreiber sind, bei aller Aufgeschlossenheit für neue Trends, darauf bedacht, in ihrem Café den klassischen Kaffeehauscharakter weiter zu pflegen. Da man nicht nur auf Tradition, sondern auch auf Qualität setzt, findet der Gast im Café Vogler eine große Auswahl an vorzüglichen Kuchen und Torten, die er in einem gepflegt-traditionellen Interieur genießen kann. Einen erfrischenden Kontrapunkt im Ambiente setzen die großformatigen Bilder der ortsansässigen Künstlerin Stefanie Steinmayer, die die Wände schmücken. Und noch ein Tipp für die Adventswochenenden: Das Café Vogler ist mit einem Stand auf dem Weihnachtsmarkt in Lindau vertreten.

Kuchen, Torten, Confiserie: In der gut bestückten Kuchentheke findet man neben verschiedenen Obstkuchen – auf Mürbeteig oder Biskuit, mit und ohne Baiser, unter den exquisiten Torten zum Beispiel die *Pralinentorte*, eine Kuppeltorte mit fein abgestimmten Aromen in der Füllung aus Pralinen, Schokobuttercreme und Marzipan, alles abgerundet mit Rum, ebenso mächtig wie gut!

Unbedingt zu empfehlen ist auch die Hausspezialität, die *Baumkuchentorte*, eine Kreation aus Baumkuchenstückchen, heller Buttercreme und Sauerkirschen auf einem dünnen Mürbeteigboden und mit einem Überzug aus dunkler Kuvertüre. Für alle, die nicht auf opulente Cremetorten stehen, gibt es die Obstkuchen, zum Beispiel eine *Aprikosentarte* mit Streuseln, aber auch Klassiker wie die *Rüblitorte*, im Café Vogler in einer glutenfreien Version mit Amaranth und Maismehl gebacken. (Rezept s. S. 228) Auch dieser Kuchen ist geschmacklich und in der Textur hervorragend.

Das umfangreiche Confiserieangebot umfasst Pralinen und Trüffeln aus eigener Herstellung, die als Sortiment unter Namen wie *Feine Inselmischung*, *Lindauer Genuss*, *Kleine Bodenseereise* oder *Lindauer Inselschoki* angeboten werden. Die *Seepralinen*, eine Auswahl an hausgemachten Trüffeln und Pralinen aus Schokolade von *Valrhona*, und die *Feinen Täfelchen*, handgeschöpfte Schokoladentafeln von 50 Gramm Gewicht, werden in einer Verpackung mit Motiven der Lindauer Künstlerin Stefanie Steinmayer verkauft.

Eine der neueren Kreationen der umtriebigen Chefin sind *Buddhas* aus Schokolade, gefüllt mit einer Chai-Latte-Creme und *Chivaköpfe* mit einer Lemongrass-Kokos-Füllung.

Eine weitere Spezialität des Hauses ist die *Bodypaintschokolade* mit dem provokanten Aufdruck »Leck mich!«: Drei Schoko-Nougat-Cremes in den Geschmacksrichtungen »Dunkler Nougat mit Chili«, »Pistaziennougat« und »Himbeer/Marc de Champagne«, in Reagenzgläser mit je 50 g Inhalt abgefüllt, und zusammen mit einem Pinsel und einer Gebrauchsanweisung in ein dunkelbraunes Filztäschchen gewickelt, bilden das Set für den geneigten Anwender. Der Serviervorschlag in der Gebrauchsanweisung lautet: *»BodyPaint einfach auf*

Lieblingskörperpartie auftragen und anschließend auf der Zunge zergehen lassen.«

All das ist nicht nur im Laden, sondern auch über den Online-Shop des Cafés zu kaufen.

- ✓ Das Kaffeeangebot bewegt sich im Rahmen des Üblichen, größere Teekarte.
- ✓ Größere Frühstückskarte.
- ✓ Zu haben sind auch Desserts wie Kaiserschmarrn und Germknödel.
- ✓ An Pikantem gibt es Suppen, Eintöpfe, Salate, *tramezzini* (italienische Sandwiches) und wöchentlich wechselnde Mittagsgerichte (fünf verschiedene zur Auswahl, 12–14 Uhr).
- ✓ Freundlicher Service.

Café-Konditorei Vogler (Michael und Daniela Vogler)
Hintere Metzgergasse 14
88131 Lindau
Telefon (0 83 82) 94 44 20, www.cafe-vogler.de

Öffnungszeiten	Täglich 9–18 Uhr, Sonn- und Feiertag 10.30–18 Uhr, Mittwoch Ruhetag, Betriebsurlaub im Januar
Plätze	Circa 45 Plätze innen
Preisniveau	Mittel
Das Besondere	Höchster Kuchengenuss im Traditionscafé
Stil & Stimmung	Freundlich-anheimelnd mit frischem Touch

Seit dem Jahr 2000 führen Michael und Daniela Vogler auch das Corner Café an der Lindauer Seepromenade (im Gebäude des Hotels Bayerischer Hof) mit Blick auf die Hafeneinfahrt und die Alpen.

Corner Café
Bahnhofsplatz 2
88131 Lindau
Telefon (0 83 82) 91 50

Öffnungszeiten	Anfang April bis Anfang November täglich 8.30–23 Uhr

34. Bregenz | *Café Götze*

Mit Bregenz betreten wir österreichischen Boden. Mit knapp 29 000 Einwohnern ist Bregenz zwar nicht die größte Stadt Vorarlbergs, aber doch dessen kulturelles Zentrum. Die alljährlich im Juli und August stattfindenden Bregenzer Festspiele sind weltberühmt. Eine weitere Attraktion der Stadt stellt das Kunsthaus Bregenz dar, ein Zentrum für moderne Kunst, das in den neunziger Jahren von dem Schweizer Stararchitekten Peter Zumthor errichtet wurde. Ein echtes Erlebnis bietet auch eine Kabinenfahrt auf den Pfänder, der herrliche Blicke auf den Bodensee bietet.

Wer sich Bregenz genauer ansehen möchte, sollte am Café Götze nicht vorbeigehen. Das äußerlich unscheinbare Gebäude befindet sich in der Fußgängerzone an einer Haupteinkaufsstraße. Die 1887 gegründete Konditorei, die heute in der vierten Generation geführt wird, wurde schon von *Gault Millau* mit der *Goldenen Kaffeebohne* ausgezeichnet.

Während der Sitzbereich in der Fußgängerzone eher rummelig ist, erwartet den Gast drinnen ein kleiner feiner Salon mit klassischem Kaffeehausambiente und gemütlicher Wohlfühlatmosphäre. Das traditionsreiche Kaffeehaus im Zentrum von Bregenz ist nicht nur für seine qualitativ hochwertigen Kuchen, Torten und Gebäcke, sondern auch für seine exquisite Confiserie bekannt.

Kuchen, Torten & Co.: Cremig-leichte Torten und Kuchen, Klassiker wie *Sachertorte, Holländer Kirschtorte* oder der *Teestollen* aus Buttersandmasse und nicht zuletzt die *Grillage-Haustorte* zeugen von der hohen Qualität der Angebotspalette des Cafés. Auch die kleinen feinen *Erdbeertörtchen* sind ein Hochgenuss: Die mit Kuvertüre ausgestrichenen Mürbeteigschälchen sind mit einer feinen Vanillecreme gefüllt, mit aromatischen Erdbeeren belegt, abschließend leicht aprikotiert und mit einem Mini-Sahnetuff dekoriert. Ebenso empfehlenswert ist die *Holländer Kirschtorte*, eine feine Kreation aus ultradünnen Blätterteigböden, die mit einer Kirschwassersahne und mit Sauerkirschen gefüllt sind.

✓ Exquisites Confiserieangebot, das mehrfach durch *Gault Millau* und den *Austria Genuss Guide* ausgezeichnet wurde: Feinste Pralinen, Trüffelvariationen und *Petit Fours*, darunter auch eine Spezialität des Hauses, die *Festspieltrüffel*.
✓ Außerdem gibt es hervorragendes *Plundergebäck, Mandelgebäck, Teegebäck* und *Florentiner*.
✓ Im Kaffeeangebot kann man neben den üblichen Verdächtigen wie Tasse und Portion Kaffee, Cappuccino, Latte macchiato natürlich auch typisch österreichische Kaffeespezialitäten wie eine *Melange* oder einen *Kleinen Braunen* ordern. Der Kaffee stammt von *Julius Meinl*. Zur *Melange* wird ein Gläschen Wasser gereicht. Außerdem ist eine hausgemachte *Trüffel-Trinkschokolade* zu haben.
✓ Große Eiskarte mit hausgemachtem Eis und *Frappés*.

- Ferner gibt es ein Angebot an pikanten Apéros: *Apéro Canapés* und *Sandwiches*, *Apéro Käsegebäck*, *Apéro Schinkengipfel*, *Ciabatta*, *Croissants*, alles sehr klein und fein; daneben *Apéro Patisserie* als süße Variante.
- Der Service wird von Damen in traditionellem Schwarz-Weiß mit gestärkten weißen Schürzchen bestritten.

Café Conditorei Götze (Gerhard und Carmen Götze)
Kaiserstraße 9
A-6900 Bregenz
Telefon/Fax +43 ((0)55 74) 4 45 23, www.conditorei-goetze.com

Öffnungszeiten	Mo bis Fr 8–18 Uhr, Sa 8–16 Uhr, Sonn- und Feiertage geschlossen
Plätze	Circa 20 Plätze innen, circa 50 Plätze vor dem Haus in der Fußgängerzone
Preisniveau	Mittel
Das Besondere	Bemerkenswertes Kuchen- und Confiserieangebot
Stil & Stimmung	Gepflegte Kaffeehausatmosphäre im kleinen Salon
Draußensitzen	☂ bis ☂☂

35. Bregenz | *Theatercafé*

Zentral am Kornmarktplatz in der Bregenzer City liegt das traditionsreiche Theatercafé, das heute von Rainer Troy zusammen mit dem gegenüberliegenden Café des Vorarlbergmuseums betrieben wird. Die Homepage des Cafés verrät, dass das Theatercafé 1999 als erste Konditorei Österreichs vom Gourmetführer *Gault Millau* als bester Betrieb ausgezeichnet wurde. Das Café mit der klar strukturierten Einrichtung wird denn auch von Gästen jeden Alters, Geschlechts und Couleur gut angenommen. Ansprechend gestaltet ist auch die Terrasse, von der sich das Treiben auf dem Marktplatz gut beobachten lässt. Auch die etwas andere Gestaltung der Kuchentheke fällt ins Auge: Ein großer Teil des Angebots steht nicht als angeschnittene Kuchen und Torten in der Vitrine, sondern wird in Form bereits zugeschnittener Kuchenstücke, die dicht an dicht appetitlich auf länglichen Edelstahlplatten aufgereiht sind, präsentiert.

Kuchen & Torten: Im täglich frischen Angebot sind Kuchen, Torten, Strudel und Feingebäck. Die Palette reicht von Klassikern wie der

Schwarzwälder Kirschtorte, *Sachertorte*, *Topfensahne* und *Joghurttorte* über eigene Kreationen wie *Schoko-Kokos-Torte*, *Schoko-Trüffel-Torte* oder *Rhabarber-Nuss-Kuchen* bis zu *Kardinal-* und *Punschschnitten*, Wähen und *Mohnstrudel*. Sehr fein ist beispielsweise die *Malakofftorte*, die aus Schichten von duftigem hellem Biskuit und zarter Moussecreme besteht.

Im Sortiment sind außerdem Angebote für Gäste, die an Zöliakie (Glutenunverträglichkeit) oder Diabetes leiden.

- ✓ Umfangreiches und qualitativ sehr gutes österreichisches Kaffeeangebot, wie *Einspänner*, *Fiaker*, *Großer Brauner* usw. Die Bohnen werden von der österreichischen Firma *Amann* in Dornbirn bezogen, der Kaffee wird stark aufgebrüht. Zu den Kaffeespezialitäten wird ein Gläschen Wasser gereicht.
- ✓ Gutes Teeangebot von *Demmers Teehaus*, dem gehobenen Teefachhandel mit Schwerpunkt auf losen Tees.
- ✓ Größeres Confiserieangebot.
- ✓ In der warmen Jahreszeit Eisangebot, nach italienischer Gelato-Tradition hausgemacht und ohne künstliche Farb- und Aromastoffe sowie ohne Weichhalter.
- ✓ Ein Frühstücksangebot, das aus vier Varianten und diversen Extras besteht und den ganzen Tag zu haben ist.
- ✓ Pikantes wie Suppen, Salate, Pasta, Toasts, Wiener Würstel, Sandwiches und dergleichen.
- ✓ Freundlicher Service.

Theatercafe, Café, Konditorei Rainer Troy
Kornmarktplatz 4, A-6900 Bregenz
Telefon +43 ((0) 55 74) 4 71 15, www.theatercafe.at

Öffnungszeiten	Di bis Sa 8–19 Uhr, Sonn- und Feiertage 9–19 Uhr, Montag Ruhetag (außer Juli und August), im Sommer bei Bedarf bis 20 Uhr geöffnet
Plätze	65 Plätze innen, circa 70 Plätze vor dem Haus
Preisniveau	Mittel
Das Besondere	Bregenzer Kaffeehaustradition und bestes Konditorhandwerk
Stil & Stimmung	Leger-entspannte Atmosphäre auf gutem Beobachtungsposten
Draußensitzen	

Herr Troy betreibt auch das gegenüberliegende Café des Vorarlbergmuseums.

Museumscafe
Kornmarktplatz 1
6900 Bregenz
Telefon +43 ((0) 55 74) 46 05 05 50, www.vorarlbergmuseum.at

Öffnungszeiten	Di bis Sa von 9–21 Uhr, Sonn- und Feiertage von 10–18 Uhr, Montag Ruhetag

36. Höchst | Café Schallert

Direkt am Grenzübergang zur Schweiz liegt die Café-Konditorei der Familie Schallert. Der Familienbetrieb wurde 1976 von Konditormeister Armin Schallert und seiner Frau Erna eröffnet. 2008 hat die Tochter, ebenfalls Konditormeisterin, die Geschäftsführung übernommen. Der Lehrbetrieb, der ausschließlich traditionell produziert, wurde 2005 von *Gault Millau* mit der *Goldenen Kaffeebohne* ausgezeichnet. Das umfangreiche und gute Angebot zieht Gäste von nah und fern an, am Morgen zum Frühstück, am Mittag zum Lunch und am Nachmittag zu Kaffee und Kuchen oder einem exquisiten Eisbecher. Unter den Gästen ist viel Stammkundschaft, aber auch Deutsche, Schweizer, Franzosen, Italiener, Jung und Alt und viele Durchgangsgäste finden sich hier ein.

Kuchen, Torten und Eis: Dass für die Herstellung nur gute frische Produkte verwendet werden, und wo immer möglich regionale Ware, glaubt man sofort, sobald man eine der Köstlichkeiten probiert.

Neben den Klassikern wie *Sachertorte*, die in verschiedenen Größen angeboten wird, und *Kardinalschnitten* ist das Café für seine feinen

Moussetorten, *Strudel* und *Streuselkuchen* (mit Obst) bekannt. Die Hausspezialität sind die *Creme-Schnitten*, Teilchen aus Blätterteig, die mit einer hellen Creme gefüllt sind.

In der Weihnachtszeit stehen mehr als 30 verschiedene Gebäcksorten, Stollen, Früchtebrot und Lebkuchen zum Verkauf.

Unschlagbar gut ist das hausgemachte Eis, das nach original italienischen Rezepturen hergestellt wird. Auch hier werden – soweit als möglich – heimische Produkte verwendet. So wird zum Beispiel für das Joghurteis Joghurt von *Ländle* verwendet, einem Betrieb, der ausschließlich Milch aus biologischer Landwirtschaft aus der Region Vorarlberg verarbeitet. Das Eis ist geschmacklich hervorragend, ohne jeglichen künstlichen Beigeschmack und ebenso gut in der Konsistenz, in seiner cremigen Textur. Es wird täglich frisch produziert. Bis zu 20 Sorten sind im Angebot, die von Tag zu Tag variieren.

Man kann sich einen der herrlichen Eisbecher aus der großen Eiskarte zum Genießen im Sitzen gönnen, aber es wird auch auf die Gass verkauft.

✓ Im Kaffeeangebot finden sich Espresso, Doppelter Espresso, Espresso macchiato, Milchkaffee, Cappuccino, Latte macchiato sowie einige Spezialzubereitungen wie *Einspänner* (ein Espresso im Glas mit viel Schlagobers), auch mit Alkohol wie *Caffè corretto* (ein Espresso mit einem Schuss Grappa). Das Teeangebot wird mit Produkten der Firma *Julius Meinl* bestritten.

- ✓ Die Frühstückskarte bietet sieben Frühstücksvarianten und diverse Extras.
- ✓ Größeres Confiserieangebot: Neben einer Palette an Pralinen, Trüffeln und Petits fours gibt es Saisonartikel wie handgegossene Schokoladenweihnachtsmänner oder gefüllte Ostereierspezialitäten und Marzipanfiguren.
- ✓ Außerdem kann man Suppen, gefüllte Salzstangen *(Wiener Stangerl)*, Sandwiches, Salate, Toasts und Pizzen bestellen.
- ✓ Großes Lektüreangebot.
- ✓ Aufmerksamer und freundlicher Service.

Café Konditorei Schallert (Familie Schallert)
Hauptstraße 1, A-6973 Höchst
Telefon +43 ((0) 55 78) 7 57 52, www.cafeschallert.at

Öffnungszeiten	Sommer täglich 9–22 Uhr, Mittwoch Ruhetag; Winter Mo, Di, Do, Fr 9–22 Uhr, Sa, So 9–19 Uhr
Plätze	Circa 100 Plätze innen, circa 34 Plätze auf der Terrasse neben dem Haus
Preisniveau	Mittel
Das Besondere	Eldorado für Eisliebhaber und anspruchsvolle Süßmäuler
Stil & Stimmung	Traditionell-gepflegte Kaffeehausatmosphäre
Draußensitzen	

37. Rorschach | *Café Mozart*

Das zum Kanton St. Gallen gehörende Rorschach, das wie viele andere Orte am Bodensee eine geschichtsträchtige Vergangenheit hat, liegt am Südufer des Bodensees – ungefähr auf der Höhe von Friedrichshafen. Zahlreiche Gebäude zeugen von der wechselvollen Geschichte der Stadt, die einst eine wichtige Station auf dem Jakobsweg war und im Jahr 947 von König Otto I. das Markt-, Münz- und Zollrecht verliehen bekam.

Kommt man vom See her, sieht man zunächst das im 18. Jahrhundert erbaute Kornhaus. Nicht weit davon entfernt findet sich das Hotel Mozart mit dem gleichnamigen Café-Restaurant, das 1986 eröffnet wurde. Der eigentliche Gastraum, der im Kaffeehausstil gehalten ist, befindet sich im Erdgeschoss. Ihm ist ein weiterer Bereich mit Sitzgelegenheiten vorgelagert, die *Piazza*, die durch eine kurze Passage von der Straße zu errreichen ist. Der Kaffee trinkt sich hier wie im Freien, jedoch ist man durch ein Glasdach geschützt. Schöner allerdings ist die verspielte Terrasse im ersten Obergeschoss des Gebäudes, die der Bezeichnung *Le Refuge* fraglos gerecht wird: Man sitzt an dem lauschigen Ort in einer grünen Oase umgeben von Oleander und blühenden Hortensien im zarten Duft von Rosen und Lavendel.

Süßes Angebot: Zum Standard der kleinen Kuchenauswahl gehören *Marmorgugelhupf*, *Zitronenrührkuchen*, die Hausspezialität *Schoggikuchen*, ein Obstkuchen oder eine Torte, außerdem *Apfelstrudel*. Daneben gibt es *Süßes aus der Mozartküche* wie *Kleines Gugelhöpfli* mit Schoggisauce, *Kaiserschmarrn*, *Topfenknödel* mit Marillenkompott und *Palatschinken*.

- ✓ Verschiedene Eisbecher, das Eis ist jedoch nicht hausgemacht.
- ✓ Große Kaffee- und Teeauswahl.
- ✓ Kleines Frühstücksangebot, auch Buffet (7–10.30 Uhr). Sonntags 8–12 Uhr Brunchbuffet.
- ✓ Außerdem gibt es an Pikantem Suppen, Salate und für den kleinen Hunger Sandwiches und Canapés, ferner eine größere Tageskarte.
- ✓ Größeres Zeitungsangebot liegt zur Lektüre aus.
- ✓ Freundlicher und aufmerksamer Service.

Hotel Mozart (Susanne Tobler)
Hafenzentrum
CH-9400 Rorschach
Telefon +41 (0) 71 8 44 47 47, www.mozart-rorschach.ch

Öffnungszeiten	Kaffee, Kuchen und Süßspeisen täglich ab 12 Uhr
Plätze	Rund 100 Plätze im Erdgeschoss, 35 bis 40 Sitzgelegenheiten auf der Terrasse im ersten Stock
Preisniveau	Gehoben
Das Besondere	*»Süßes aus der Mozartküche«*
Stil & Stimmung	Kaffeehausstil im Erdgeschoss, verspielt-verträumt auf der Terrasse im Obergeschoss
Draußensitzen	

38. Rorschach | *La Vela*

Direkt an der Hauptstraße von Rorschach, im Erdgeschoss des Gebäudes des Hotel Anker, befindet sich seit 2000 die *Caffè-Bar Pasticceria Italiana La Vela*. Alles molto italiano: Großzügiger Barbereich mit vielen Stehplätzen an der langgezogenen Theke für den *espresso rapido*, laufender TV an der Wand und hoher Geräuschpegel. Mit etwas Glück bekommt man einen Platz am Fenster, von dem aus man einen Blick – über die Straße – vom See erhaschen kann.

Dolci: Hausgemachtes italienisches, genauer gesagt neapolitanisches Gebäck satt: *Sfogliatelle* (Blätterteigtaschen mit einer süßen Ricottafüllung), *Cannoli* (frittierte Teigrollen mit einer süßen cremigen Füllung aus Ricotta, die Vanille, Kakao, Schokoladenstückchen oder kandierte Früchte enthalten kann), gefüllte *Code d'Aragosta* (Blätterteiggebäck) und *Babà* (Gebäckteilchen aus süßem Hefeteig, die nach dem Backen mit einer Mischung aus Läuterzucker und Alkohol getränkt werden – in Süditalien oft auch aufgeschnitten und mit einer Creme oder geschlagener Sahne gefüllt serviert), *Amaretti* und anderes mehr.

Alles von Dienstag bis Sonntag frisch in der hauseigenen Pasticceria hergestellt.

Ein Schwerpunkt scheint auch die Herstellung von Geburtstags- und Hochzeitstorten zu sein.

- ✓ Größeres und gutes italienisches Kaffeeangebot, außerdem Tee und heiße Schokoladen.
- ✓ Als »Caffè-Bar« auch ein sehr großes Angebot an kalten Getränken und Alkoholika.
- ✓ Flotter Service.

La Vela, Bar Caffè Pasticceria Italiana
Hauptstraße 71
CH-9400 Rorschach
Telefon +41 (0) 71 8 45 47 45, www.lavela.ch

Öffnungszeiten	Mo 14–21.30 Uhr, Di bis Do 8–22.30 Uhr, Fr bis Sa 8–23 Uhr, So 9–19 Uhr; Pasticceria montags geschlossen
Plätze	45 Plätze innen, circa 30 Plätze vor und neben dem Haus
Preisniveau	Mittel
Das Besondere	Dolci napoletani am Lago di Costanza
Stil & Stimmung	Geräuschvoll-umtriebig – kurz gesagt: italienisch
Draußensitzen	

39. Romanshorn | *Café Köppel*

Romanshorn ist der größte und bedeutendste Schweizer Bodenseehafen mit einer Fährverbindung nach Friedrichshafen und zuglcich cin wichtigcr Industricstandort, dcr sich durch cinc brcitc Palctte an Industrieprodukten auszeichnet. Auf Grund zahlreicher verheerender Stadtbrände ist kaum noch mittelalterliche Bausubstanz zu finden. Doch macht die Stadt dies durch gute Verkehrsanbindungen und durch ein großes Freizeitangebot wett.

Etwas abseits vom Zentrum befindet sich die Konditorei-Confiserie Köppel. Ihre Geschichte begann im Jahr 1988 mit der Übernahme der damaligen Konditorei Pfister. Nach mehreren Umbauten in den Jahren 1992, 2002 und 2012 präsentiert sich das Café heute in einem zeitgemäßen Ambiente und mit einer ansprechenden Gartenterrasse. Der 25-jährige Ausbildungsbetrieb beschäftigt inzwischen 20 Mitarbeiter und wurde in den vergangenen Jahren für einige seiner Produkte ausgezeichnet.

Kuchen, Torten und Teilchen: In der großen Kuchenvitrine präsentieren sich die feinen Köstlichkeiten als in Folie gewickelte und adrett aufge-

reihte Kuchenstücke. Da gibt es Tortenklassiker wie *Schwarzwälder Kirsch, Grand Marnier, Bananenjoghurt, Himbeerjoghurt, Schoggi-Williams, Cappuccino* und *Ananas Royal*; kleine Torten in der Art eines Dessertstückchens für sechs bis acht Personen, die Namen haben wie *Caprice de Banane, Festival, Fruits Rouges, Salsa* und *Symphonie*; Entremets wie *Savarins, Erdbeertörtchen, Citronentörtchen, Cremeschnitten* und mit Sahne und Erdbeeren gefüllt *Biskuitomelettes*. Die Kuchen und Teilchen sind sehr frisch und fein komponiert.

Die Spezialitäten des Hauses sind der *Mandelfisch*, ein für die Ostschweizer Kantone Appenzell und die Region Toggenburg typisches Gebäck, die *Bodenseeperlen*, kleine *macarons* in diversen Geschmacksrichtungen, die *Dessertöpfeli*, die mit Thurgados Truffes-Masse (Thurgados ist ein Edelbrand aus Thurgauer Äpfeln) gefüllt sind, und das *Moc Moc*, eine mit feiner Pralinéknusperfüllung und Grand-Cru-Schokolade gefüllte Schokoladenspezialität mit der Figur des Romanshorner Wahrzeichens, dem *mocmoc*.

✓ Große Auswahl an *Konfekt* (= Teegebäck) und umfangreiches Confiserieangebot.

✓ Das Kaffeeangebot umfasst das Übliche: Tasse Kaffee, Espresso und Cappuccino, Milchkaffee und Latte macchiato. Dann gibt es noch den *Mélange* und *Kaffee mit Kirsch, Pflümli, Marc, Grappa* oder *Trester*. Der Kaffee ist aromatisch und stark geröstet.

- ✓ Große Eiskarte mit schönen Eisbechern: hausgemachte *Clacé*- und *Coupe-Spezialitäten*.
- ✓ Kleinere Frühstückskarte.
- ✓ Jeden Sonn- und Feiertag Brunch von 8–12 Uhr (für 27 CHF à discretion, will sagen, nach Belieben).
- ✓ Pikantes wie Suppen, Blätterteigspezialitäten, Salate, Toasts, Vegetarisches, Schweineschnitzel, Cordon bleu und Pouletbrüstli. Von Dienstag bis Freitag bietet eine wöchentlich wechselnde Mittagskarte jeweils ein Menü, das aus Vorspeise, Hauptgang und Dessert besteht.
- ✓ Größeres Zeitschriften- und Zeitungsangebot.

Café Confiserie Köppel (Urs Köppel)
Bahnhofstraße 20
CH-8590 Romanshorn
Telefon +41 (0) 71 4 63 16 52, www.konditorei-koeppel.ch

Öffnungszeiten	Di bis Fr 7–18.30 Uhr, Sa 7–18 Uhr, Sonn- und Feiertag 8–18 Uhr, Montag Ruhetag
Plätze	Größeres Platzangebot drinnen, circa 45 Plätze auf der Gartenterrasse
Preisniveau	Gehoben
Das Besondere	Schweizer *gourmandises* in guter Qualität
Stil & Stimmung	Gediegen-bürgerlich drinnen, Plein-air-Gefühle auf der Terrasse
Draußensitzen	☂☂

40. Konstanz | *Das Voglhaus Café*

Mitten in der gut besuchten Fußgängerzone der Altstadt liegt auch das Voglhaus Café mit seinem bemerkenswerten Konzept. Die Namensgeberin und Inhaberin Martina Vogl hat den Namen sogar als Warenzeichen eintragen lassen. Gegründet im Jahr 1999 als Fachgeschäft mit Wohnaccessoires und einem kleinen Gastronomiebetrieb in der Münzgasse, wurde der Laden 2004 um das Voglhaus Café in der Wessenbergstraße erweitert. Das Kaufhaus, in dem auch heute noch Kaffee und Kuchen angeboten wird, und das danach hinzugekommene Café sind gebäudeintern miteinander verbunden. Letzteres wird auch als Plattform für Musik-, Gesang-, Schauspiel- und Tanzevents genutzt. Das Konzept dieser Mischung aus Einzelhandel, Gastronomie und Kulturbetrieb scheint Erfolg zu haben: Das Café ist stets gut besucht, und Frau Vogl, die mittlerweile mehr als 20 Mitarbeiter in Voll- und Teilzeit beschäftigt, wurde für ihr Konzept mehrfach ausgezeichnet.

Kaffee & Kuchen: An Kuchen stehen zum Beispiel in der Vitrine: *Marmorkuchen* und *Zitronenrührkuchen*, *Eierlikörtorte*, *Linzer Torte*, *Kirsch-*

weintorte, *Früchtetarte*, *Faule-Weiber-Kuchen* (Käsekuchen mit Mandarinen), *Apfelkuchen* mit Mandeldecke, *Rüblikuchen* sowie *Nussschnittchen* und *Muffins*.

Die Besonderheit: Alles wird mit Dinkelmehl und Biozutaten gebacken. Laktosefreie Gebäcke sind auch zu haben, das heißt, statt Butter kommt Margarine zum Einsatz. Darüber hinaus ist immer mindestens ein glutenfreier Kuchen im Angebot, so dass auch Gäste mit einer Glutenallergie nicht leer ausgehen.

Noch zu erwähnen: Die Eier werden von einem Bio-Bauern von der Höri bezogen. Statt des herkömmlichen phosphathaltigen Backpulvers wird Weinstein-Backpulver verwendet und als Geliermittel kommt Agar-Agar, das aus Rotalgen gewonnen wird und daher vegetarisch ist, zum Einsatz.

- ✓ Das Angebot an Kaffee und Tee ist groß. Der Kaffee stammt aus zertifiziertem fairem Handel, die Tees aus nachhaltigem Anbau.
- ✓ Im Angebot sind ferner hausgemachte Limonaden, natürlich aus Biofrüchten, und Smoothies.
- ✓ Außerdem gibt es kleinere pikante Gerichte, darunter das *Brutzelbrot*, gegrillte Holzofenbrotscheiben mit verschiedenen Belägen, ferner immer ein aktuelles Essensangebot wie Pasta, Gemüse und Salate, das den Wand- und Menükarten zu entnehmen ist. Fleisch und Wurst ist eher selten im Angebot, und wenn, wird es selbstverständlich vom ortsansässigen Metzger bezogen.

- ✓ Passend zum Konzept ist hier Selbstbedienung angesagt.
- ✓ Das Publikum ist überwiegend öko und lässig.
- ✓ Große Zeitungsauswahl.

Das Voglhaus Café (Martina Vogl e. K.)
Wessenbergstraße 8
78462 Konstanz
Telefon (0 75 31) 17 202, www.das-voglhaus.de

Öffnungszeiten	Mo bis Sa 9–18.30 Uhr, So 11–18 Uhr
Plätze	Circa 60 Plätze innen, circa 30 Plätze in der Fußgängerzone vor dem Haus
Preisniveau	Mittel
Das Besondere	Kaffee und Kuchen in »Erlebnis-Gastronomie«
Stil & Stimmung	Trendig-bio-öko
Draußensitzen	⛱ bis ⛱⛱

Das Voglhaus Kaufhaus
Wessenbergstraße 8/Ecke Münzgasse
78462 Konstanz
Telefon (0 75 31) 91 89 520, www.das-voglhaus.de

Öffnungszeiten	Mo geschlossen, Di bis Fr 10 bis 18.30 Uhr, Sa 10–17 Uhr

Konstanz

Mit rund 80 000 Einwohnern ist Konstanz die größte Stadt am Bodensee. Sie liegt am südlichen Ende des Obersees und ist über den Seerhein, der den Obersee entwässert, auch mit dem Untersee verbunden. Der Seerhein teilt die Stadt in zwei Hälften. Auf der rechten, das heißt der nördlichen, Seite liegen moderne Stadtviertel und ruhige Wohngebiete, die sich mit großen Industriezonen abwechseln. Im südlichen Teil befindet sich dagegen eine der besterhaltenen Altstädte Deutschlands, die im Zweiten Weltkrieg wahrscheinlich auf Grund ihrer Nähe zur Schweiz vom Bombenhagel verschont blieb.

Wie viele Städte am Bodensee hat auch Konstanz eine römische Vergangenheit. Wichtigstes Ereignis der Konstanzer Geschichte war jedoch das Konzil von 1414 bis 1417, auf dem das Schisma beendet und Papst Martin V. als alleiniger Papst der katholischen Kirche gewählt wurde. An das Konzil erinnern noch heute das ursprünglich als Kaufhaus erbaute Konzilsgebäude am Hafen und ein Denkmal des Bildhauers Peter Lenk an der Hafeneinfahrt, die Imperia, das auf die dominierende Rolle der Kurtisanen während des Konzils anspielt.

Heute ist Konstanz ein lebhaftes touristisches Zentrum, das mit seiner attraktiven Altstadt und seiner privilegierten Lage einiges zu bieten hat. Zugleich ist Konstanz aber auch ein wichtiger Wirtschafts- und Verwaltungsstandort und zudem Sitz zweier Universitäten. Zu den Attraktionen der Stadt zählen auch die zahlreichen Kneipen, Weinstuben, Restaurants, Eisdielen und Cafés.

41. Konstanz | *Rosgarten Café*

Seit 1991 gibt es das Rosgarten Café in der Altstadt von Konstanz. Zwischen andere Ladengeschäfte in einer Häuserzeile der Fußgängerzone eingezwängt, überrascht die Großräumigkeit im Inneren. Serviert wird in einem kleinen Gastraum im Erdgeschoss und in zwei weiteren Räumen und einer angrenzenden, nach hinten liegenden Terrasse im ersten Stock. In der warmen Jahreszeit kann man jedoch auch seinen Kaffee auf einem der Plätze vor dem Haus trinken und das geschäftige Treiben in der Straße beobachten. Schön, dass es nicht nur im Erdgeschoss, sondern auch im ersten Stock eine reich bestückte Kuchentheke gibt, an der man sich seinen Kuchen aussuchen kann. Der Chef, Wieland Grutschnig, steht selbst in der Backstube, und da er Österreicher ist, präsentiert sich sein süßes Sortiment auch österreichisch angehaucht: Es gibt *Apfelstrudel*, *Kärntner Nusstorte*, *Sachertorte*, *Kardinalschnitten* und und und. Das Rosgarten Café wurde von den Lesern des Südkuriers 2008 als »Konstanz' bestes Café« gewählt. Da wundert es nicht, dass unter dem Publikum viele Stammgäste zu finden sind.

Kuchen & Torten: Unter der großen Kuchenauswahl sind selbstredend Klassiker wie *Schwarzwälder Kirschtorte*, *Frankfurter Kranz*, *Bienenstich*, *Käsesahne*, *Erdbeer-* und *Himbeerkuchen* auf Biskuit, *Rhabarberkuchen* mit Baiser und andere gebackene Obstkuchen und Mousse- und Sahne-Torten vertreten. Die Haustorte, die *Schokomoussetorte mit Beerenmixauflage* kommt fruchtig und frisch daher und ist sehr zu empfehlen. Auch der *Himbeerkuchen* auf Biskuit, also die klassische Art, ist gut gemacht mit seinen ausgesuchten Beeren und dem feinen Geschmack.

Neben den Klassikern gibt es aber auch Innovatives wie die *Süßen Spezialitäten aus dem Becher*, zum Beispiel »Schwarzwälder Kirsch«.

Eine Spezialität des Hauses ist der *ofenfrische Apfelstrudel*, serviert mit Vanillesoße, Sahne oder Vanilleeis.

✓ Das Kaffee-, Tee- und Trinkschokoladenangebot ist solide, der Kaffee ist stark aufgebrüht.
✓ Es gibt eine Eiskarte, das Eis ist jedoch nicht hausgemacht.
✓ Wer frühstücken möchte, kann unter fünf verschiedenen Varianten auswählen und noch Extras dazubestellen.

- Im herzhaften Angebot sind verschiedene Salate, Suppen und andere kleinere Gerichte wie Toasts, Wienerle, Wurstsalat, Rühreier und Ähnliches. Ein wechselnder Mittagstisch bietet täglich drei verschiedene Gerichte zur Auswahl.
- Zeitungsangebot zur Lektüre.
- Freundlicher und flotter Service.

Rosgarten Café, Konditorei (Gisela Grutschnig)
Rosgartenstraße 9
78462 Konstanz
Telefon (0 75 31) 2 47 00, www.rosgarten-cafe.de

Öffnungszeiten	Mo bis Sa 8.30–19 Uhr, Sonntag geschlossen
Plätze	Circa 95 Plätze innen, circa 65 Außenplätze
Preisniveau	Mittel
Das Besondere	Große und qualitativ gute Kuchenauswahl im klassischen Konditoreicafé
Stil & Stimmung	Gutbürgerlich-traditionell
Draußensitzen	

42. Konstanz | *Steigenberger Inselhotel*

Das Gebäude des Steigenberger Inselhotels, das wie der Name bereits sagt, auf einer kleinen Insel liegt, hat eine wechselhafte Geschichte. Gegründet und erbaut im Jahr 1235 als Dominikanerkloster, war es auch Wirkungsstätte des Dichters und Mystikers Heinrich Seuse bzw. von Suso. Nach der Säkularisierung des Klosters 1785 wurde das Gebäude in der Folgezeit als Stoffdruckerei genutzt. Der Vater von Ferdinand Graf Zeppelin, dem berühmtesten Sohn der Stadt, betrieb damals im umgebauten Dominikanerkloster eine Indigo-Färberei. 1838 wurde der Begründer des Starrluftschiffbaus hier auch geboren. 1875 schließlich erfolgte der Umbau zu einem Hotel, das zum beliebten Urlaubsziel des europäischen Hochadels wurde. 1903 übernahm das Schweizer Ehepaar Matthys und Rosalie Brunner die Hotelleitung und machte das Haus zum Magneten für ein vornehmes Reisepublikum und zur internationalen Tagungsstätte. Seit 1964 ist die Steigenberger Hotel Group Pächter und Betreiber des renommierten Hotels.

Das Inselhotel bietet verschiedene Einkehrmöglichkeiten. In der warmen Jahreszeit ist die große Hotelterrasse zum See hin ein idealer Platz zum Verweilen. Bei schlechtem Wetter und in der kalten Jahreszeit werden Kaffee und Kuchen in der Zeppelin-Bar serviert. Man kann aber sicherlich auch in der nach dem Mystiker Heinrich Seuse benannten »Susos Bar« einen Kaffee trinken.

Kuchen & Torten: Das tägliche Kuchenangebot, das der hauseigene Pâtissier herstellt, umfasst sechs bis acht Kuchen. In der eher unspektakulären Kuchen- und Tortenauswahl findet man zum Beispiel *Schwarzwälder Kirschtorte*, *Aprikose-Käsekuchen*, *Erdbeerkuchen*, *Himbeerkuchen*, *Apfelkuchen*, *Zwetschgenkuchen* und *Käsesahne*.

- ✓ Im sommerlichen Angebot sind verschiedene Eisbecher, Eiskaffee bzw. Eisschokolade.
- ✓ Außerdem gibt es ein kleineres Angebot an herzhaften Gerichten wie Tagessuppe, Salate, Antipasti-Teller und Pasta.
- ✓ Professioneller freundlicher Service.

Steigenberger Inselhotel (Steigenberger Hotels AG)
Auf der Insel 1
78462 Konstanz
Telefon (0 75 31) 1 25-0, www.konstanz.steigenberger.de

Öffnungszeiten	Kaffee und Kuchen gibt es täglich ab 14.30 Uhr
Plätze	In der Zeppelin-Bar finden circa 25 Personen Platz, auf der Seeterrasse mehr als 50
Preisniveau	Gehoben
Das Besondere	Kaffee und Kuchen in Luxusherberge
Stil & Stimmung	Gepflegte Atmosphäre mit Seeblick
Draußensitzen	☂☂☂

Süßes am Untersee

Von Konstanz aus führt uns der Weg über Kreuzlingen zunächst das Schweizer Bodenseeufer entlang nach Stein am Rhein. Von Stein am Rhein wechseln wir wieder auf deutsches Gebiet, umrunden die Höri und fahren über Gaienhofen-Horn nach Radolfzell. Von dort peilen wir wieder Konstanz an, machen aber zuvor auf einem weiteren Highlight des Bodensees, der Insel Reichenau, Station.

Insgesamt gesehen, ist dieser Teil des Bodensees ruhiger, idyllischer, mehr kleinstädtisch-dörflich geprägt. Zwar spielt der Tourismus auch hier eine bedeutende Rolle, doch meist in einer weniger konzentrierten Form. Wer Ruhe und Beschaulichkeit liebt, findet sie am ehesten an diesem Teil des Bodensees.

43. Gottlieben | *Seecafé*

Nähert man sich dem Seecafé vom Ort her, ist der erste Eindruck eher ernüchternd. Die Gegend wirkt wie ein Wohngebiet mit kleinen Industriebetrieben. Der Ausblick aus dem Café bzw. von der Seeterrasse auf das Wollmatinger Ried entschädigt dann aber für alles. Der lichtdurchflutete Gastraum mit seiner großen Glasfront zum See hin ist eine gelungene Mischung aus moderner Bar und großzügigem Kaffeehaus. Schweizweit bekannt ist das Seecafé in erster Linie für seine *Hüppen*, die im benachbarten Fabrikgebäude hergestellt werden und die in Gottlieben eine lange Tradition haben. Das Geheimnis der Hüppen-Backkunst wurde in dem thurgauischen Städtchen über Generationen gehütet und weitergegeben. Die Geschichte der *Gottlieber Hüppen* begann, als Elisabeth Wegeli 1928 von ihrer Nachbarin in die Kunst der Hüppenherstellung eingewiesen wurde und deren Waffeleisen übernahm, da die Nachbarin das Hüppenbacken aufgeben musste. Damit war der Grundstein für das heutige Traditionsunternehmen »Gottlieber Spezialitäten AG« gelegt. 1938 begann man, die bis dahin leeren Hüppen mit einer Praliné-Masse zu füllen, und inzwischen werden die gerollten *Gau-*

frettes mit diversen Cremefüllungen und in kunterbunte Folie verpackt angeboten. Das Seecafé mit Manufakturladen wurde erst im Jahr 2005 direkt am See neben der Fabrik eröffnet.

Hüppen, Kuchen, Gipfel & mehr: Die Spezialität des Hauses, die Gottlieber Hüppen, gibt es mit Creme-Füllungen in den Varianten *Amaretto, Cappuccino, Irish Cream, Black Special Grand Cru* (Kakaoanteil von 60 Prozent: Cacao Nacional Ecuador) und seit Neuestem auch *Noix de coco*. Die Homepage des Unternehmens erläutert zur Herstellung: *»In der Schweizer Hüppenmanufaktur … werden die hauchzarten warmen Crêpes, nicht dicker als 0,7 mm, immer noch wie früher einzeln gebacken und einzeln wie das Blatt einer wertvollen Havanna-Zigarre gerollt. Das geschieht ganz vorsichtig und genau, wie von Hand. Danach werden die Gottlieber Hüppen einzeln mit zart schmelzenden Gourmet-Füllungen*

bzw. Schweizer Schokolade gefüllt und Stück für Stück von Hand verpackt.« Und all dies laut Firmenprospekt ohne chemische Zusätze, Geschmacksverstärker oder Konservierungsstoffe.

Im feinen Kuchen- und Tortenangebot, das von einer Gottlieber Konditorei bezogen wird, gibt es neben Saisonobstkuchen mit Streuseln die *Grand-Marnier-Torte*, eine *Himbeer-Schoggi-Quark-Torte* und *Rüblikuchen*. Sehr zu empfehlen ist die *Haustorte*, eine dezent mit Kirschwasser abgeschmeckte Komposition, bestehend aus einem Japonaisboden (Mandel- oder Nuss-Baiser-Boden), einer Schokomousseschicht, einer zarten Biskuitlage, Sahne und einer hauchdünnen Baiserdecke, geschmacklich perfekt austariert, aromatisch, leicht, ein Hochgenuss.

Ebenfalls eine Sünde wert ist die *Torta della nonna*, eine Mandel-Zitronen-Tarte mit Pinienkernen, die von Italien bezogen wird und die durch eine optimale Ausgewogenheit zwischen Mandel- und Zitronenaroma besticht.

Ferner gibt es im süßen Segment verschiedene *Gipfel* in den Richtungen »Butter«, »Schoggi«, »Nuss« und »Mandel«.

- ✓ Das Kaffee- und Teeangebot ist qualitativ gut.
- ✓ Im Kaltgetränkeangebot gibt es neben Mineralwasser, Säften, Bier und Wein auch Champagner.
- ✓ Eisangebot von *Mövenpick*.
- ✓ Im Manufakturladen außerdem zu kaufen: Kaffee, *Gottlieber Cacaomandeln* (geröstete Mandeln, umhüllt von Schokolade und Kakaopulver), *Gottlieber Haselnüsse* (Haselnusskerne, umhüllt von weißer Schokolade). Dann gibt es noch Schokolade von *Bürgi* aus Pfyn und Trüffel von *Läderach*, die eigens für die Gottlieber Spezialitäten AG hergestellt werden.
- ✓ Tagessuppe, pikante Snacks wie *Butterbräzeli*, *Chäschüechli*, *Wurstweggen*, *Schinkengipfel* und *Elsässer Baguette*.
- ✓ Flotter und aufmerksamer Service.

Gottlieber Seecafé und Manufakturladen
(Geschäftsführung: Dieter Bachmann)
Espenstraße 9
CH-8274 Gottlieben
Telefon +41 (0) 71 6 67 01 77, www.gottlieber.ch

Öffnungszeiten	Mai bis September täglich 9–20 Uhr, Oktober bis April Mo bis Fr 9–17 Uhr, Sa und So 10–18 Uhr, 365 Tage im Jahr geöffnet
Plätze	30 Plätze innen, circa 40 Plätze auf der Seeterrasse
Preisniveau	Gehoben
Das Besondere	Hippe Hüppen mit guter Füllung
Stil & Stimmung	Modern-geschmackvoll mit Blick auf den See-Rhein
Draußensitzen	

Dependance in Winterthur:
Gottlieber Coffee & Sweets, Rudolfstraße 1, CH-8400 Winterthur
Telefon +41 (0) 52 2 02 52 32

Öffnungszeiten	Mo bis Fr 9–19 Uhr, Sa 9–18 Uhr, So 10–18 Uhr

44. Mammern | *Zum Sternen*

Das kleine Örtchen Mammern liegt idyllisch von zahlreichen Obstgärten umgeben auf einer Landzunge zwischen Steckborn und Stein am Rhein. Von der Nationalstraße her sieht man ein Wirtshausschild, das sich bei näherem Hinsehen auch als Café entpuppt. Betritt man das aus dem Jahr 1750 stammende Haus in der Seestraße 2, meint man, die Zeit sei stehen geblieben. Im Verkaufsraum des Sternen sind in Holzregalen und auf dem Verkaufstisch die wenigen, aber weit bekannten Spezialitäten des Hauses ausgebreitet, allen voran das ungebleichte *Grahambrot* aus feinem Vollkornweizen-Schrot, das Sylvester Graham, ein amerikanischer Prediger und früher Verfechter einer vegetarischen Diät in den USA, 1829 entwickelt hatte. Zu den Spezialitäten gehören auch die feinen *Amaretti*.

Jakob Weber-Solioz hat seine Bäcker-Konditor-Lehre bei der renommierten Zucker-Bäckerei Ermatinger in Schaffhausen absolviert, war dann zehn Jahre lang jeweils in der Wintersaison in den Graubündner Bergen in führenden Konditoreien tätig, bis er 2003 das elterliche Geschäft, das 1928 vom Großvater gegründet wurde, übernahm. Er führt es heute in der dritten Generation weiter. Seine Frau Claudia kümmert sich um den Laden, das Café und die geschäftlichen Angelegenheiten. In dem winzigen Gastraum mit seiner niedrigen Decke, der Holzvertäfelung und dem alten Mobiliar wähnt man sich in einer längst vergangenen Zeit. Es kommt ein Gefühl der Entschleunigung auf, das alle Sorgen des Alltags vergessen lässt. In der warmen Jahreszeit kann man seinen *Kafi* auch auf einem der Plätze vor dem Haus unter den zwei Kastanienbäumen nehmen.

Kuchen- und Gebäckangebot: Im kleinen Angebot an süßem Backwerk gibt es neben *Linzer Torte, Apfelkuchen, Birnenwähe* auch die feinen *Nussgipfel* und die Hausspezialität, die *Amaretti*, deren Grundsubstanz aus Bittermandeln besteht. Von Oktober bis März sind die *Weberli* im Angebot, ein Schokoladenspritzgebäck mit einer Schokoladenfüllung und Schokostreuselgarnitur und die *Mammerngrüessli*, ebenfalls eine Scho-

koladenspezialität des Hauses, nämlich Schokoladentafeln, die mit einer Nougat-Gianduja-Masse gefüllt sind.

✓ Im Winter gibt es freitags und nur auf Bestellung auch *Käse-Zwiebel-Speck-Kuchen.*

Zum Sternen, Bäckerei, Konditorei, Café
(Jakob und Claudia Weber-Solioz)
Seestraße 2
CH-8265 Mammern
Telefon +41 (0) 52 7 41 24 76, www.bäckereizumsternen.ch

Öffnungszeiten	Verkaufsladen Mo 8–12 Uhr, Mi bis Fr 8–12 Uhr und 13.30–18.30 Uhr, Sa und So 8–12 und 13.30–17 Uhr, Dienstag Ruhetag; Café Mi bis Fr 9–11.30 Uhr und 13.30–18.30 Uhr, Sa 13.30–17 Uhr, So 9–11.30 Uhr und 13.30–17 Uhr, Montag und Dienstag Ruhetage
Plätze	20 Plätze innen, 40 Plätze auf der Terrasse vor dem Haus
Preisniveau	Gehoben
Das Besondere	Kleine Auswahl mit guter Qualität
Stil & Stimmung	Es war einmal ...
Draußensitzen	

45. Stein am Rhein | *Café Späth »Zur Hoffnung«*

Das am Übergang vom Untersee zum Hochrhein gelegene eidgenössische Städtchen Stein am Rhein gehört zu den schönsten und besterhaltenen Städten am Bodensee. Bekannt ist es vor allem durch seine Fassadenmalerei und seine reich verzierten Erker rund um den Rathausplatz. Hier liegt auch das Café Späth, das die Familie Späth 1969 eröffnet und bis Mitte der 90er Jahre betrieben hatte. Nach einer kurzen Pause, in der es verpachtet wurde, übernahm Sohn Pascal zusammen mit Kai Hornung das Traditionscafé erneut und eröffnete es nach einer Umstrukturierung am 1. Mai 2002 mit dem heutigen Konzept. Die Innenausstattung und die Schaufenstergestaltung sind maßgeblich von den Eisenobjekten des Urnäscher Künstlers Thomas Urben (Urbi) geprägt. Regelmäßig wechselnde Bilderausstellungen regionaler Künstler runden das neue Konzept ab. Verkauft wird im Erdgeschoss. Sitzplätze gibt's im ersten Stock, nach vorne raus mit Blick auf das Rathaus, in der warmen Jahreszeit auch vor dem Haus inmitten des Marktplatztreibens. Nett auch *s'Chinder-Hüsli* im ersten Stock: Eine Spielhöhle für die Kleinen, die im hinteren verglasten Bereich untergebracht ist.

Kuchen- & Tortenangebot, Confiserie: Im feinen Kuchen- und Tortenangebot ist unbedingt die *Schokosahne* zu empfehlen, eine herrlich luftig-leichte und nicht zu süße Kreation, die ohne die unter den deutschen Torten obligatorische Mürbeteigplatte auskommt. Auch der *Himbeerkuchen* ist von raffinierter Machart: feine Biskuitplatten, bestrichen mit heller Sahnecreme und belegt mit fruchtigen Beeren, alles auf einem Brandteigboden und mit erfreulich wenig Guss, fantastisch leicht und auch dieser Kuchen nicht zu süß.

Der Schwerpunkt in der Angebotspalette des Café Späth liegt sicherlich auf der hausgemachten Confiserie, für deren Herstellung ausschießlich hochwertigste Schweizer Kuvertüre verwendet wird. Und hier sind nicht nur die *Steiner Thaler*, *Steiner Siegel*, *Steiner Forellen* und die hausgemachten Pralinés zu nennen, sondern vor allem die *Steiner Scherben*, für die zunächst eine dünne Krokanttafel hergestellt wird, die der Confiseur sodann in kleine Teile zerschlägt. Diese hauchzarten Blätterkrokantbruchstücke, die Scherben, werden anschließend in helle oder dunkle Kuvertüre getaucht, ein wahrer Knuspergenuss in feinstem Schokoladenmantel. Seit über 50 Jahren werden die *Steiner Scherben* in der

Confiserie hergestellt. Inzwischen sind ihr Name und das Rezept sogar gesetzlich geschützt.

- ✓ Das Kaffeeangebot bewegt sich im Rahmen des Üblichen, für das umfangreichere Teeangebot wird auf Teemischungen aus zertifiziertem biologischen Anbau zurückgegriffen.
- ✓ Größere Eiskarte mit hausgemachtem Eis.
- ✓ Frühstückskarte.
- ✓ Außerdem gibt es für die pikanten Gelüste Sandwiches, Canapés, Toasts und *Chüechli.*
- ✓ Flotter und munterer Service.

Café-Confiserie Späth »Zur Hoffnung« (Pascal Späth und Kai Hornung)
Rathausplatz 21
CH-8260 Stein am Rhein
Telefon +41 (0) 52 7 41 21 82, www.cafe-spaeth.ch

Öffnungszeiten	Di bis Sa 8–18 Uhr, So 9–18 Uhr, Montag Ruhetag
Plätze	Circa 100 Plätze innen, circa 50 Plätze vor dem Haus
Preisniveau	Mittel
Das Besondere	Qualität im Traditionscafé mit innovativem Touch
Stil & Stimmung	Künstlerisches Ambiente drinnen, Fassadenmalerei draußen
Draußensitzen	

46. Gaienhofen-Horn | *Zum Schtägefässle*

Mitten im Ortskern liegt das urig-gemütliche Schtägefässle, eine besondere Adresse, bei der man in vielerlei Hinsicht auf seine Kosten kommt. Das Vesperstüble mit Nostalgie-Museum ist in kulinarischer Hinsicht besonders für seine Hausspezialität *Marias Schtägefässle Dünne aus dem Steinbackofen* in der ganzen Gegend bekannt. Ebenso berüchtigt ist die Einrichtung, die von der Sammelleidenschaft des Hausherrn zeugt. Da reihen sich Bierkrüge, Quetschkommoden, Kameras, Wand- und Standuhren, Bilder pickender Hühner und Blechplakate zu einem wahren Flohmarktambiente, in dem man gemütlich sitzt und sein Schnäpsle ordert. In diesem Fall kommt Herr Peters mit einem Korb voller Flaschen an den Tisch gewackelt und lässt den Gast auswählen, was mitunter schwierig ist, da einige Flaschen kein Etikett tragen ... Bei großem Andrang geraten die Wirtsleute, die den Service überwiegend allein bestreiten, schon mal aus dem Takt. Da kann es sein, dass die Chefin auf eine Bestellung antwortet: »Heute gibt es des, was halt kommt.« Und da es hier so ganz anders ist als anderswo, tragen die meisten Gäste diese netten Unzulänglichkeiten mit Fassung. Man kennt das wohl schon ...

Angebot: Die hausgefertigten Dünne aus Hefeteig gibt es mit verschiedenen Belägen, zum Beispiel mit kleinen Tomaten und anderem Gemüse der Saison, außerdem in süßen Varianten, beispielsweise mit Zwetschgen. Die Dünnele mit ihrem dünnen Boden und dem saftigen Belag kommen in sechs kleine Rechteckchen geschnitten an den Tisch.

- ✓ Auf der Vesperkarte stehen verschiedene täglich wechselnde hausgemachte Spezialitäten und Vesper, unter anderem Wurstsalat.
- ✓ Umfangreicheres Getränkeangebot. Neben diversen alkoholfreien Getränken gibt es Most, Wein, Fassbier, Flaschenbier und edle Höri-Hausbrände.
- ✓ Der Service wird überwiegend von den Wirtsleuten selbst bestritten, bei größerem Andrang gibt es mal eine Hilfe – ohne die Hilfe kann es schon mal dauern, bis was kommt ...

Zum Schtägefässle, Dünne- und Vesperstüble (Familie Peters)
Fuhrmannsweg 5, 78343 Gaienhofen-Horn
Telefon (0 77 35) 26 44

Öffnungszeiten	Do bis Sa jeweils ab 17 Uhr, Sonn- und Feiertag von 10.30–13.30 Uhr und ab 16.30 Uhr, Montag bis Mittwoch geschlossen
Plätze	40 Plätze innen, eine Handvoll Plätze auf der Terrasse vor dem Haus
Preisniveau	Mittel
Das Besondere	Dünne – süß und salzig – einfach gut
Stil & Stimmung	Gemütlichkeit in uriger Flohmarktatmosphäre
Draußensitzen	⛱⛱

Die Höri

Wer von Stein am Rhein am See entlang nach Radolfzell fährt, umrundet die Höri. Die Halbinsel im westlichen Bodensee war schon in prähistorischer Zeit besiedelt und noch heute finden sich in der Bucht von Wangen Reste von Pfahlhaussiedlungen aus dem 3. Jahrtausend vor Christus. Der Name Höri erklärt sich aus der Tatsache, dass die Höri im Mittelalter zum Bistum Konstanz gehörte und dass damals mit dem Namen Höri häufig geschlossene Herrschaftsgebiete bezeichnet wurden. Im Volksmund findet sich allerdings eine andere Deutung: So soll Gott zum Abschluss der Erschaffung der Welt, nachdem er die Bodenseegegend erschaffen hatte, in bestem See-Alemannisch gesagt haben: »Jetzt hör i uff.«

Während des Nationalsozialismus und in den Nachkriegsjahren etablierte sich in der idyllischen Landschaft eine Künstlerszene, zu der auch Otto Dix und Hermann Hesse gehörten. Das Hermann-Hesse-Höri-Museum ist in Gaienhofen in zwei Gebäuden bei der Mauritiuskapelle untergebracht. Das Otto-Dix-Haus, eine Gedenkstätte zu Leben und Werk des bedeutenden deutschen Malers, befindet sich in Hemmenhofen, einem Ortsteil von Gaienhofen, der wichtigsten Gemeinde auf der Höri.

47. Gaienhofen-Horn | *Seehörnle*

Das Hotel und Gasthaus Seehörnle, ein integrativer Hotel- und Gastronomiebetrieb der Caritas, liegt direkt am Bodensee-Radweg am Untersee, genauer gesagt am Rand des Naturschutzgebiets Horn. Vor der Terrasse am Haus sind daher auch immer viele Fahrräder abgestellt. Das Gasthaus bietet eine gute regionale Küche mit regionalen Zutaten. Das Hotel verfügt mittlerweile über 33 Zimmer, davon sind 18 barrierefrei und fünf mit gehobener Ausstattung.

Ein Passus in der Speisekarte erklärt die Besonderheit der Adresse: *»In unserem Hotel und Gasthaus begegnen sich Menschen mit und ohne Behinderungen. Unsere Mitarbeiter und Mitarbeiterinnen finden hier ihren Arbeitsplatz und Lebensmittelpunkt, unsere Gäste einen Ort der Erholung, des gemeinsamen Feierns oder kreativen Zusammenarbeitens.«* Durch die Kombination von Arbeitsplatz und betreutem Wohnen wird den Mitarbeitern mit Behinderung die Chance zur umfassenden Integration in die Gesellschaft geboten. Das Seehörnle ist Mitglied der *Embrace Hotels* und wird durch den *Kommunalverband Jugend und Soziales Baden-Württemberg* sowie *Aktion Mensch* gefördert.

Kuchen & Torten: Kleines, aber feines Angebot von täglich drei verschiedenen hausgemachten Kuchen und Torten. Im Standardangebot sind *gedeckter Apfelkuchen* und *Käsekuchen*, die Torten variieren. Das kann zum Beispiel eine *Orangensahne-Torte* sein. Am Wochenende gibt es immer eine *Schwarzwälder Kirschtorte*. Die Kuchen und Torten werden im Haus von einer Konditormeisterin hergestellt. Sehr fein ist beispielsweise der *Zwetschgenkuchen* mit seinem feinen, gut gebackenen Mürbeteig und den aromatischen Früchten.

Nebenbei bemerkt: Auch das Brot ist selbst gebacken.

✓ Der angebotene Kaffee trägt das Gütesiegel der *Rainforest Alliance*, einer internationalen Umweltschutzorganisation, die ihre Zertifizierung ausschließlich für Produkte vergibt, die in den Tropen und unter Einhaltung bestimmter Standards für nachhaltige Landwirtschaft angebaut werden. Relativierend ist jedoch die Tatsache, dass zu den großen Unternehmen mit von der *Rainforest Alliance* zertifizierten Produkten auch Tchibo, Chiquita, Nestlé, Unilever und Kaffeeprodukte bei McDonald's gehören.
Kleine Teekarte mit Tees von GEPA.

✓ Ganz besonders sind die ausgefallenen Desserts, die vom Küchenchef Ludger Ferber-Thiel selbst kreiert werden und die er »süße Deckel« nennt. Bewusst als kleine Portionen serviert, sind sie als süßer Abschluss gedacht. Sie können natürlich auch als große Portion bestellt werden. Da gibt es zum Beispiel eine *Kleine gebrannte Tonka-Creme, eine Nocke von Schokoladen-Olivenöl-Mousse mit Kaffeekrokant*, ein *Warmes Holunder-Rotwein-Süppchen mit Apfelküchle*, ein *Gebackener Zimt-Eisknödel mit marinierten Orangen* oder auch einfach ein *Gemischtes Eis mit Sahne*.

✓ Eiskarte mit Eis der Bioeis-Manufaktur *Healthy Planet*, das ohne Aroma-, Farb- und chemische Zusatzstoffe auskommt. Das Eis ist nicht nur gluten-, laktose-, gelatine- und eifrei, sondern auch Fair-Trade-zertifiziert. Bei der Produktion wird ausschließlich auf natürliche Fruchtpürees, Biomilch und Agavendicksaft

zurückgegriffen. Immer im Angebot sind die Sorten Mango, Schoko-Trinitario, Vanille sowie Frozen Yoghurt. Serviert wird im Bio-Eisbecher à 125 ml, bei dem sogar die Verpackung und der im Deckel mitgelieferte Löffel kompostierbar sind.

- ✓ Auf der Speisekarte stehen Salate, Suppen, verschiedene Hauptgerichte (Pasta, Vegi-Maultaschen, Saltimbocca, Wiener Backhendl, Bodenseefelchen oder Hechtfilet). Kindergerichte gibt es auch.
- ✓ Sehr freundliche Bedienung.
- ✓ Außerhalb der Saison ist jeden ersten Sonntag im Monat Brunch angesagt. Das ganze Jahr über ist Brunchen ebenfalls möglich, aber nur auf Vorbestellung und ab 20 Personen.

Seehörnle, Hotel, Gasthaus

(Integrationsbetriebe Caritas Konstanz gemeinnützige GmbH, Leitung Hotel & Gasthaus Martin Bünk)
Hörnliweg 14
78343 Gaienhofen-Horn
Telefon Restaurant (0 77 35) 93770-105, www.seehoernle.de

Öffnungszeiten	November bis März Mo, Do, Fr ab 17 Uhr, Sa und So ab 11.30 Uhr, Di und Mi Ruhetage, April bis Oktober täglich ab 10 Uhr
Plätze	44 Sitzgelegenheiten drinnen, auf der großzügig bestuhlten Terrasse vor dem Haus circa 70 Plätze, auf der kleinen Terrasse hinter dem Haus weitere 25 Plätze
Preisniveau	Mittel
Das Besondere	Gute Kuchen im gastronomischen Integrationsbetrieb
Stil & Stimmung	Entspannt-leger-freizeitlich
Draußensitzen	

48. Radolfzell-Mettnau | *Strandcafé Mettnau*

Nördlich der Höri befindet sich Radolfzell, die größte Stadt am Untersee, deren Gründung auf den Veroneser Bischof Ratoldus im Jahre 826 zurückgeht. Einst ein stark frequentierter Wallfahrtsort, ist Radolfzell heute als Einkaufsstadt beliebt. Vor allem der Bauernmarkt mit seinem großen Obst- und Gemüseangebot, der jeweils mittwochs und samstags im historischen Zentrum stattfindet, zieht viele Besucher an.

Der Stadt vorgelagert ist die Halbinsel Mettnau, die einst eine Viehweide war, heute jedoch ein beliebtes Erholungsgebiet und Kurzentrum ist. Hier befindet sich auch das Strandcafé Mettnau. Direkt am See gelegen, ist das Strandcafé mit seinem verglasten Vordach wahrlich ein »besonderer Logenplatz am See«. Nach einer intensiven Bauphase, in der nicht nur das Ambiente verändert, sondern auch die Terrasse vergrößert wurde, sitzt der Gast nun unmittelbar über dem See mit traumhaftem Blick auf die Halbinsel Höri. Als Allrounder erstreckt sich die Angebotspalette des Strandcafés vom Frühstück über Essen à la carte und Kaffee und Kuchen bis zum abendlichen Menü. Die Lokalität wird auch gern für Festivitäten gebucht. Das Strandcafé ist eine attraktive Adresse sowohl

für Einheimische als auch für Bodenseebesucher. Parken kann man auf den Gästeparkplätzen, die jedoch bei hohen Besucherzahlen schnell belegt sind.

Kuchen & Torten: Das relativ große Angebot umfasst zwölf bis fünfzehn verschiedene Kuchen und Torten am Wochenende, etwas weniger unter der Woche. Es wird nicht selbst hergestellt, sondern von einer Konditorei bezogen.

Wählen kann man dabei zwischen klassischem *Himbeerkuchen* (auf Biskuit), *Käse-Aprikosen-Kuchen*, Klassikern wie *Schwarzwälder Kirschtorte* und *Rüblikuchen* oder auch *gebackenen Obstkuchen* auf Mürbeteig.

Gern genommen werden die *Mettnau-Creme-Torte* und die *Marc-de-Champagne-Sahnetorte*, eine herrlich aromatische und saftige Kreation aus hellem Biskuit, die gefüllt ist mit einer mit Marc de Champagne aromatisierten Sahnemousse und mit fruchtigem Pfirsich-Coulis.

- ✓ Das Kaffeeangebot umfasst im Großen und Ganzen das Übliche, daneben gibt es Trinkschokoladen, auch mit Alkohol, und eine kleine Teeauswahl, die im Glasteebecher serviert wird.
- ✓ Essen à la carte von 12 bis 21.30 Uhr.
- ✓ Frühstückskarte.
- ✓ Eiskarte mit Eis von *Mövenpick*.

Restaurant Strandcafé Mettnau
(Geschäftsführer: Werner Schönmetzler)
Strandbadstraße 102
78315 Radolfzell-Mettnau
Telefon (0 77 32) 16 50, www.strandbadcafe-mettnau.de

Öffnungszeiten	April bis Oktober täglich ab 9 Uhr, November bis März täglich ab 11 Uhr
Plätze	120 Plätze innen, 160 Plätze auf der Terrasse
Preisniveau	Mittel
Das Besondere	Kaffee und Kuchen in außergewöhnlicher Lage
Stil & Stimmung	Entspannt und lichtdurchflutet
Draußensitzen	

49. Radolfzell | *Das Eckhaus*

Seit drei Jahren betreiben Ute Eichinger und Andrea Langnau ihr Eckhaus im Zentrum von Radolfzell, einen Blumenladen mit Wohnaccessoireangebot und Cafébetrieb. In dem kleinen Laden gehen die verschiedenen Bereiche fließend ineinander über. Man sitzt umgeben von Dekoartikeln, ausgestellten Bildern und Pflanzen in gemütlicher Wohnzimmeratmosphäre. Im hinteren Bereich kann man sich an einem Stehtischchen aufhalten oder an einem größeren Tisch Platz nehmen, wo durchaus auch mal ein netter Kontakt entstehen kann. Begehrte Sitzgelegenheiten in der kalten Jahreszeit sind die Plätze vor dem Schwedenofen im vorderen Bereich. Das Eckhaus wird mit einer sehr persönlichen Note geführt, und die wechselnden Ausstellungen regionaler Künstler runden das Konzept stimmig ab.

Kuchenangebot: Täglich werden zwei bis drei verschiedene, frisch im Haus hergestellte Kuchen und Torten angeboten wie zum Beispiel *Käsekuchen*, *Engadiner Nusstorte*, *Mohnkuchen* oder *Schokoladenkuchen*. Sehr fein ist der *Birnen-Schoko-Kuchen*, ein Blechkuchen aus

Schokorührteig mit saftigen Birnenstücken und einer feinen Knusperdecke.

- ✓ Im übersichtlichen Getränkeangebot gibt es neben einigen Kaltgetränken wie Mineralwasser, Säften, Cola, Bitter Lemon und Bier an heißen Getränken Kaffee, Cappuccino, Latte macchiato, Espresso, verschiedene Tees und heiße Schokolade mit Sahne.
- ✓ Wem der Sinn nach etwas Salzigem steht, kann auch eine Butterbrezel oder ein Fladenbrot mit Putenbrust, Salami oder Tomaten-Mozzarella-Belag haben.
- ✓ Den Service bestreiten die Damen leger und freundlich.

Das Eckhaus, Café Kunst Floristik (Ute Eichinger, Andrea Langnau)
Spitalstraße 1
78315 Radolfzell
Telefon (0 77 32) 9 40 76 50

Öffnungszeiten	Mo bis Fr 9–18 Uhr, Sa 9–14 Uhr
Plätze	10 Plätze innen, 10 Plätze vor dem Haus
Preisniveau	Günstig bis mittel
Das Besondere	Kaffee und hausgemachte Kuchen in farbenfrohem Ambiente
Stil & Stimmung	Gucken, Sitzen, Genießen in Wohnzimmeratmosphäre
Draußensitzen	☂ bis ☂☂

50. Radolfzell| *Scheffel Café*

Der Scheffelhof in Radolfzell hat eine lange Geschichte und war einst der Ort, an dem sich das gesellschaftliche Leben in Radolfzell abspielte, in dem Bälle, Theateraufführungen und Konzerte stattfanden. Das 1904 erbaute Haus war früher ein Hotel, wurde von der Stadt dann umgebaut und stand zwölf Jahre leer, bis die Familie Böck das Haus gekauft und eine Renovierung vorgenommen hat, mit dem Ziel, das Haus in den ursprünglichen Zustand von 1904 zurückzuversetzen. Zu diesem Zweck wurden die in den 60er Jahren angebrachten Beton- und Holzverkleidungen entfernt und die Eingänge an die ursprünglichen Stellen zurückverlegt. Die Eröffnung des familiengeführten Cafés war im November 2012, im Oktober 2013 wurde schließlich noch eine Terrasse angebaut. Die junge Chefin, studierte Medienfrau, sorgte für die geschmackvolle Einrichtung, in der Alt und Neu stilsicher kombiniert sind. Die Platzaufteilung ist großzügig. Laut Plan wäre gut das Doppelte an Sitzgelegenheiten möglich, doch zugunsten einer großzügigeren Raumgestaltung wurde die Platzanzahl auf die Hälfte reduziert. Bei leiser Hintergrundmusik kann man in entspannter Atmosphäre Kaffee und Kuchen genießen und sich die Deko anschauen, die im Übrigen auch gekauft werden kann.

Kuchen & Torten: Täglich stehen drei bis vier verschiedene Kuchen und Torten zur Auswahl, die vom *Fuchshof* in Konstanz, einem Hofladen mit Backstube, bezogen werden. Die Kuchen werden auch außer Haus verkauft.

- ✓ Das Kaffeeangebot bewegt sich im Rahmen des Üblichen, der Kaffee wird jedoch von der kleinen Privatrösterei *GenussReich* in Radolfzell bezogen. Alles ist auch mit laktosefreier Milch zu haben. Die Teekarte von *Heimbs* bietet 30 verschiedene Sorten an, die im Kännchen serviert werden. Trinkschokolade gibt es in den Richtungen weiß, Vollmilch und dunkel.
- ✓ Es gibt eine wöchentlich wechselnde kleine Mittagskarte, ferner saisonale Suppen und Salate. Das aktuelle Angebot ist über die Aufsteller oder von der Servicekraft zu erfahren.
- ✓ Freundlicher und aufmerksamer Service.
- ✓ Lektüreangebot.

Scheffel Café (Daniela Böck)
Forsteistraße 2, 78315 Radolfzell
Telefon (0 77 32) 3 02 86 77, www.scheffelcafe.de

Öffnungszeiten	April bis September Di bis So 9.30–21 Uhr, Montag Ruhetag; Oktober bis März Di bis So 9.30–18 Uhr, Montag Ruhetag
Plätze	42 Plätze innen, circa 30 Plätze auf der Terrasse
Preisniveau	Günstig bis mittel
Das Besondere	Kaffee und Kuchen in geschmackvollem Ambiente
Stil & Stimmung	Entspannte Lounge-Atmosphäre
Draußensitzen	 bis 

51. Radolfzell | *Kutmühle*

In der Radolfzeller Filiale der in Villingen-Schwenningen ansässigen Kutmühle gibt es nicht nur hochwertiges Brot, sondern auch Kuchen und Torten, für die die Kunden samstagvormittags bis auf die Straße Schlange stehen. Legendär: Die *Schwarzwälder Kirschtorte*, die man hier an einem der wenigen Selbstbedienungstischchen im Verkaufsladen genießen, aber auch mit nach Hause nehmen kann. Die nur mit Schokostreuseln dekorierten hohen Torten werden geachtelt, die Stücke sind entsprechend mächtig, selbst für einen guten Tortenesser kaum zu schaffen. Sehr frisch mit mehreren Schichten dunklen Biskuits, vielen Kirschen, frischer Sahne und einem guten Schuss Kirschwasser ist die Schwarzwälder hier ein purer Genuss ohne Schnickschnack und Chichi.

Neben der *Schwarzwälder* bietet der Mühlenladen noch verschiedene andere Köstlichkeiten wie *Birnen-Schoko-Sahne*, *Nuss-Sahne*, aber auch *Bienenstich* und *Rüblitorte* an, außerdem diverse Käsekuchenvarianten, *Mohnkuchen* und saisonabhängige Kuchen wie *Johannisbeer-* oder *Rhabarberkuchen*. Natürlich gibt es auch Croissants, Plunderteilchen und Hefezöpfe.

Kutmühle (Berthold Riegger)
Poststraße 22
78315 Radolfzell
Telefon (0 77 32) 94 24 91

Öffnungszeiten Mo bis Fr 6.45–18.15 Uhr, Sa 6.45–13 Uhr

Preisniveau Mittel

52. Radolfzell-Markelfingen | *Café Diener*

Nach dem Motto »große Stücke, kleine Preise« ist hier gut Kuchen kaufen. Doch nicht nur das: Auch die Qualität stimmt. Und die enorme Auswahl, insbesondere an Sahne- und Creme-Torten, ist beeindruckend. Eine Adresse für Liebhaber von Sahnetorten, veritablen Hochhaustorten, die sehr frisch sind und mit wenig Steifmittel auskommen. Immer im Sortiment der täglich frisch gebackenen Kuchen und Torten sind *Käsekuchen* mit und ohne Früchte, *Himbeerkuchen, gemischter Obstkuchen, Waldbeerkuchen, Apfelkuchen, Schwarzwälder Kirschtorte, Flockensahne, Malaga-Torte, Erdbeersahne, Himbeersahne, Joghurt-Mandarinen-Sahne, Schokosahne, Holländer Kirschsahne, Käsesahne, Mokkacremetorte, Schokocremetorte, Frankfurter Kranz, Herrentorte, Bananenroulade, Havannatorte, Zuger Kirschtorte.* Außerdem gibt es *Rüblikuchen, Holländer Nusskuchen, Linzer Torte, Sachertorte, Spanische Vanille-Torte, Punschtorte, Schweizer Bienenstich, Marmeladen-Rouladen, Marmorkranz* und und und. Reger Außer-Haus-Verkauf, und da ist es kein Wunder, wenn man vielleicht einmal warten muss.

Bäckerei, Konditorei, Café Diener (Familie Haas)
Oberdorfstraße 9
78315 Radolfzell-Markelfingen
Telefon (0 77 32) 10 218

Öffnungszeiten	Di bis Do 6–12.30 Uhr, 14–18 Uhr; Fr und Sa 6–18 Uhr, So 7.30–18 Uhr; Montag Ruhetag
Preisniveau	Günstig

53. Reichenau | *Museums Café*

Auf der Reichenau in Mittelzell, nur ein paar Schritte vom Reichenauer Museum entfernt, lädt seit 2009 das Museums Café mit seinem besonderen Konzept zum Verweilen ein. Hier sitzt der Gast umgeben von Zeitschriften und Büchern, die er vor Ort lesen, ausleihen oder sogar gegen andere Bücher tauschen kann. Das große Angebot an Lesestoff – Romane, Kinderbücher, Kunstbücher und und und – sowie die ruhige Atmosphäre des Cafés machen die Adresse zu einem idealen Rückzugsort auf der gut besuchten Bodenseeinsel. Das Café wird von der Familie Rummel mit viel Engagement betrieben. Frau Rummel backt einen Teil der Kuchen selbst, und auch die Mama bringt sich mit ihrem nach einem alten Familienrezept gebackenen *Kalten Hund* ein. Wo kann man heute noch einen *Kalten Hund* bestellen?

Kuchen & Torten: Ein Teil der Kuchen und Torten wird beim Konditor gekauft, zum Beispiel die *Flockentorte*, der *Zwetschgenkuchen*, die *Zitronenrolle*, der *Johannisbeer-Baiser-Kuchen* oder die *Joghurttörtchen.* An selbstgebackenen Kuchen gibt es unter anderem *Käsekuchen* oder *Bie-*

nenstich, und vor allen Dingen die empfehlenswerte *Engadiner Nusstorte* mit sehr aromatischen Walnüssen gebacken und nicht zu süß.

- ✓ Das Kaffeeangebot bewegt sich im Rahmen des Üblichen. Alles ist auch mit laktosefreier Milch zu haben. Tee und heiße Schokolade gibt es natürlich auch.
- ✓ Eisangebot von *Mövenpick*.
- ✓ Außerdem gibt es Suppen, Baguette-Sandwiches, Quiche Lorraine, Pizza, Flammkuchen, Panini, Toast, Gemüsestrudel, Brezeln mit und ohne Butter, und Croissants.
- ✓ Leider ist hier Selbstbedienung angesagt – nur im Sommer wird ab und an eine Servicekraft zur Verstärkung geholt.
- ✓ Im Publikum sind viele Stammgäste, aber auch Museumsbesucher und andere Inselbesucher.

Museums Café (Judith Rummel)
Ergat 5
78479 Reichenau
Telefon (01 63) 4 89 79 16, www.cafe-reichenau.de

Öffnungszeiten	Täglich 10–18 Uhr, April bis Oktober kein Ruhetag, November bis März Freitag Ruhetag
Plätze	45 Plätze innen, 30 Plätze auf der Terrasse zwischen Museum und Café
Preisniveau	Günstig bis mittel
Das Besondere	Kaffee und Kuchen mit Lesestoff satt inmitten von Büchern
Stil & Stimmung	Ruhiger Rückzugsort zum Lesen und Kaffeetrinken
Draußensitzen	☂ bis ☂☂

Die Reichenau

Die Reichenau ist die größte der drei bekannten Bodenseeinseln. Sie ist rund 4,5 Kilometer lang, 1,5 Kilometer breit und seit circa 150 Jahren durch einen Damm mit dem Festland verbunden. Ihre Geschichte geht auf die Römerzeit zurück, doch richtig bedeutend wurde die Insel erst im Mittelalter. Im Jahr 724 gründete der Wanderbischof Pirmin hier ein Benediktinerkloster, das sich in der Folgezeit zu einem geistigen Zentrum des Abendlands entwickelte. Berühmt war die Reichenau auch für ihre Klosterbibliothek, ihre Buch- und Wandmalerei und die Goldschmiedekunst. Aus der Blütezeit der Reichenau stammen auch die drei romanischen Kirchen. Nach den goldenen Jahren der karolingischen-ottonischen Epoche verlor das Kloster jedoch zunehmend an Bedeutung, und es begann der geistige und wirtschaftliche Niedergang. Aber auch heute noch zehrt die Insel von ihrer ruhmvollen Vergangenheit, die zahlreiche Kunstliebhaber anlockt. Aufgrund ihrer religiösen und kulturellen Rolle im Mittelalter wurde die Reichenau im Jahr 2000 zum Weltkulturerbe der UNESCO erklärt.

Bekannt ist die Insel neben dem Tourismus vor allem wegen des Gemüseanbaus. Etwa 90 Familien teilen sich die vorhandene Anbaufläche von rund 150 Hektar Freilandfläche und 40 Hektar an Gewächshäusern. Gerade diese Anbaustruktur garantiert, dass die Reichenau ein vielfältiges gärtnerisches Sortiment anbieten kann. Auch dank der idealen klimatischen Bedingungen werden jedes Jahr rund 12 000 Tonnen Frischgemüse produziert.

54. Reichenau | *ZEN Teehaus*

Ausgesprochenes Kontrastprogramm ist das nur einen Steinwurf vom Museumscafé entfernte ZEN Teehaus mit seinen großzügigen Räumlichkeiten, die sich über das gesamte Erdgeschoss zweier nebeneinanderliegender Häuser, die miteinander verbunden wurden, erstrecken. Die Schaffung dieser Räumlichkeiten stellte die Eheleute Schupp, er Bauunternehmer und Mitglied des Rotary Clubs, sie Asienliebende, allerdings vor Probleme: In bautechnischer Hinsicht musste die marode Bausubstanz des aus dem 17. Jahrhundert stammenden Hotelgasthauses »Zum Bären« saniert und zuvor eine Baugenehmigung eingeholt werden, was bei der konservativ und religiös geprägten Inselverwaltung auf Schwierigkeiten stieß. Im Mai 2012 konnten die Schupps dann ihr *ZEN Teehaus & Lebensart* eröffnen.

Den Gast erwartet ein erlesenes, fernöstlich angehauchtes Ambiente, in dem exquisite Tees in kleinen »Bone China Kannen« mit traditionellen asiatischen Gaiwanen (chinesisches Gefäß zur Zubereitung und zum Verzehr von Tee, das aus einer Untertasse, einer kugelförmigen Schale und einem Deckel besteht) serviert werden. Mit einer im Keller installierten

Grander-Wasser-Aufbereitungsanlage wird das Wasser für den Tee sogar energetisiert und neu belebt ... Teeschulungen und Massagen runden das Wohlfühlangebot des Hauses ab.

Kuchenangebot: Kleine Auswahl an hausgemachten feinen und sehr frischen Kuchen, die allerdings mit asiatischer Kulinarik wenig zu tun haben. Da gibt es zum Beispiel *Joghurtkuchen*, ein Rührteigkuchen mit Frischkäse-Mango-Topping, eine weizenfreie *Schokotorte* und einen *Polentakuchen*, ebenfalls weizenfrei und kreiert aus Beerencreme und Rührteigböden. Daneben sind Petitessen im Gläschen im Angebot, zum Beipsiel die *Pflaumen-Creme*. Sehr gut sind die *Früchte-Törtchen*, zwei runde Scheiben dunklen Biskuits, gefüllt mit einer Schmand-Sahne-Creme und mit Mango-Spiegel. Zu empfehlen ist auch der *Blaubeerkuchen*, der aus einem Mürbeteig und einer Quarkmasse mit einer »Füllung« aus Blaubeeren gemacht ist.

- Es gibt keinen Kaffee! – Stattdessen ein umfangreiches und exklusives Teeangebot, das nicht nur serviert, sondern auch zum Verkauf angeboten wird. Zu haben ist eine Auswahl an *Grünem Tee*, *Weißem Tee*, *Oolong Tee* (darunter auch der erlesene *Ti Kuan Yin*), *Schwarztee*, *Pu-Erh-Tee* und *Kräutertee*.
- Im Getränkeangebot sind ferner *Grander-Wasser* und Fruchtsäfte.
- Zu haben ist auch ein kleines Frühstück.
- Ab 15 Uhr *High Tea* mit hausgemachten Scones, Cream und Konfitüre.
- Kleine Auswahl an warmen Gerichten zwischen 12 und 15 Uhr.
- Sehr freundlicher Service, der gerne auch über alle Teespezialitäten und ihre Zubereitung informiert.

ZEN Teehaus & Lebensart (Peter Schupp)
Freiherr-von-Hundbiss-Straße 2
78479 Reichenau
Telefon (0 75 34) 9 99 09 00, www.zenhome.de

Öffnungszeiten	Dienstag bis Sonntag 10–18 Uhr
Plätze	34 Plätze innen, 20 Plätze auf der Terrasse vor dem Haus
Preisniveau	Gehoben
Das Besondere	Tee und Kuchen in fernöstlich angehauchtem Ambiente
Stil & Stimmung	Entschleunigte Wohlfühlatmosphäre mit elitärem Anspruch
Draußensitzen	

Rezepte

Schon als Kind war ich eine begeisterte Bäckerin und seit ich denken kann, sammle ich Rezepte für alles, was gebacken wird. In meiner umfangreichen Rezeptsammlung finden sich unter anderem Kuchenideen der Mütter und Großmütter meiner ältesten Freundinnen. Wenn ich zu Kaffee und Kuchen eingeladen bin und mir der Kuchen besonders schmeckt, frage ich auch heute noch nach dem Rezept, das mir meist auch mit Freude ausgehändigt wird. Völlig anders verhält es sich da bei den Rezepten, um die ich einige Cafébetreiber für den Rezeptteil des vorliegenden Buches bat. In einigen Fällen war alle Mühe vergeblich, in anderen Fällen erreichte ich mein Ziel nur durch wiederholtes hartknäckiges Bitten und Nachfragen. Nur einige wenige händigten mir bereitwillig eines ihrer Geheimnisse aus. Was ja verständlich ist, da kein Konditor seine Schätze preisgeben will. Umso mehr freue ich mich über die ausgezeichneten »Profi-Rezepte«, die ich Ihnen in meinem Buch vorstellen kann.

Daneben habe ich in den Rezeptteil auch den einen oder anderen Kuchen aufgenommen, den ich zu verschiedenen Anlässen als Besucherin der Bodenseeregion gekostet habe. Und da die Gegend um den Bodensee eine ausgesprochene Obstregion ist, verwundert es nicht, dass hier besonders viele Obstkuchen, das heißt gebackene Kuchen und Tortenkreationen mit Obst, angeboten werden.

Alle Kuchen in diesem Buch habe ich wie in den Rezepten beschrieben – zum Teil mehrmals – selbst probegebacken. Wenn Sie sich genau an die Anleitung halten, gelingen Ihnen diese Kuchen mit Sicherheit.

Hier ein paar Hinweise, die Ihnen helfen sollen, die Rezepte erfolgreich umzusetzen:

Die Waage ist beim Backen das wichtigste Utensil. Genaues Abwiegen ist ein absolutes Muss. Am besten ist die Verwendung einer guten digitalen Küchenwaage, die sowohl im Gramm- als auch im Kilobereich exakt wiegt. Hilfreich für das grammgenaue Abwiegen von kleinen Mengen, zum Beispiel bei Gewürzen, kann auch eine kleine elektronische Briefwaage sein.

Für alle, die keine Möglichkeit haben, kleine Mengen grammgenau abzuwiegen, werden in den Rezepten die Mengen neben den Grammangaben zusätzlich mit Esslöffel (EL) bzw. Teelöffel (TL) angegeben. Für die am häufigsten verwendeten Grundzutaten hier eine Umrechnungstabelle für die weniger exakten Maßangaben EL oder TL in Gramm. (Es handelt sich jeweils um einen gestrichenen Esslöffel bzw. Teelöffel.)

Mehl	1 EL = 8 g, 1 TL = 3 g
Speisestärke	1 EL = 9 g, 1 TL = 3 g
Zucker	1 EL = 14 g, 1 TL = 6 g
Vanillezucker	1 EL = 12 g, 1 TL = 4 g
Puderzucker	1 EL = 8 g, 1 TL = 3 g
Backpulver	1 EL = 9 g, 1 TL = 4 g
Kakaopulver	1 EL = 7 g, 1 TL = 3 g
Vanillepuddingpulver	1 Päckchen = 42 g
Backpulver	1 Päckchen = 17 g
Vanillezucker	1 Päckchen = 8 g

Die Größe der Eier spielt beim Backen ebenfalls eine wichtige Rolle. Es gibt Eier der unterschiedlichsten Größe, vom kleinen Ei, das laut EU-Gewichtsklasseneinteilung von 1996 unter 53 g wiegt (Klasse S) bis hin zum Riesen-Ei mit 73 g Gewicht und mehr (Klasse XL). Es versteht sich von selbst, dass diese Unterschiede auf die Teigbeschaffenheit Einfluss haben. Wenn nicht anders angegeben, wurden in allen Rezepten dieses Buches Eier der Größe M (Klasse M = Mittel) verwendet, deren Gewicht zwischen 53 und 63 Gramm liegt.

Der Herd. Ich habe nur mit *Ober- und Unterhitze* gebacken, das heißt, in einem Elektroherd mit konventioneller Beheizung. Sollten Sie mit *Umluft* backen, benötigen Sie etwa 10 bis 20 Prozent weniger Hitze als im konventionell beheizten Ofen. Beachten Sie bitte in diesem Zusammenhang auch die Angaben des Herstellers Ihres Ofens.

Noch zwei backtechnische Anmerkungen: In einigen Rezepten ist von einer »konischen Backform« die Rede. Dabei handelt es sich um eine Backform, deren Bodendurchmesser kleiner ist als der Durchmesser am oberen Rand. Die kleinere Zahl in der Backformgrößenangabe ist demnach der Durchmesser des Bodens, die größere Zahl jener des oberen Randes.

Bei Rührkuchenrezepten wird meist empfohlen, bei Backende die »Stäbchenprobe« zu machen. Damit wird geprüft, ob ein Kuchen durchgebacken ist. Dafür ein Holzstäbchen, etwa einen Schaschlikspieß, an der höchsten Stelle gerade in den Kuchen stechen und langsam wieder herausziehen. Bleibt kein Teig daran kleben, ist der Kuchen fertig. Haftet noch Teig daran, sollte man den Kuchen noch einige Minuten backen.

Ein letzter Tipp: Es empfiehlt sich, das Rezept vor Arbeitsbeginn genau durchzulesen und alle Zutaten, möglichst schon abgewogen, bereitzustellen – mit Ausnahme jener Zutaten natürlich, die kalt verarbeitet werden sollen – etwa kalte Butter für die Herstellung eines Mürbeteigs. So hat man einen Überblick und alles sofort zur Hand, wenn es in einem Arbeitsgang einmal schnell gehen muss. Aus diesem Grunde habe ich auch die Zutaten in den Rezepten in der Reihenfolge ihrer Verarbeitung aufgeführt.

Schließlich möchte ich Ihnen noch mit meiner kleinen, erprobten und verlässlichen Rezeptsammlung viel Freude wünschen! Backen macht Laune und bringt Freunde, denn ein selbst gebackener Kuchen ist immer etwas Besonderes. Auch in diesem Sinne wünsche ich Ihnen gutes Gelingen!

Apfelkuchen mit Rahmguss

Menge für eine konische Springform, Ø 26 cm (Boden),
Ø 30 cm (oberer Rand)
Schwierigkeitsgrad: einfach – etwas aufwändig – anspruchsvoll
Zeitaufwand ohne Wartezeiten, Kochen, Backen: gut 1 Stunde

Zutaten

Mürbeteig

250 g Mehl, Type 405, gesiebt
80 g Zucker
1 Päckchen Vanillezucker (8 g)
1 Prise Salz
150 g Butter, kalt und in kleine Würfel zerteilt
1 Ei

Belag

1 kg Äpfel (Rubinette, Elstar, Cox Orange, Boskoop – auf jeden Fall eine säuerliche Sorte, die sich zum Backen eignet)

Rahmguss

3 Eier
100 g Zucker
1 Becher Sahne (200 g)
1 Päckchen Vanillepuddingpulver zum Kochen (42 g)

Außerdem

Mehl zum Arbeiten
Butter für die Form

Zubereitung

- Die Zutaten für den Mürbeteig rasch mit möglichst kalten Händen zusammenkneten und in Folie oder einen Gefrierbeutel verpackt eine halbe Stunde kühl stellen. Die Form fetten.
- In der Zwischenzeit die Äpfel vorbereiten. Die Äpfel schälen, in Viertel schneiden, die Kerngehäuse entfernen und die Viertel nochmals halbieren, also in Achtel schneiden.
- Den Backofen auf 210° C vorheizen, den Rost auf der untersten Schiene einschieben.
- Den Mürbeteig auf der leicht mit Mehl bestäubten Arbeitsfläche dünn ausrollen und die Springform damit auskleiden. Dabei einen circa 3 cm hohen Rand formen. Den Boden mit einer Gabel stippen.
- Die Apfelspalten auf der gewölbten Seite einschneiden und vom Rand beginnend dicht an dicht rundum in die Form setzen.
- Den Kuchen zunächst 25 Minuten backen.
- In der Zwischenzeit für den Rahmguss die Eier mit dem Zucker mit den Quirlen des Handmixers hell-cremig aufschlagen, dann die Sahne und das Vanillepuddingpulver unterrühren.
- Nach Ablauf der 25-minütigen Backzeit den Rahmguss gleichmäßig über den Äpfeln verteilen.
- Die Backtemperatur auf 180° C herunterschalten und den Kuchen weitere 25 bis 30 Minuten backen.
- Den Kuchen nach dem Backen noch 15 Minuten in der Form stehen lassen, dann herausnehmen und auf einem Kuchengitter vollständig abkühlen lassen.

Tipp: Schmeckt ganz frisch am besten. Hervorragend passt dazu frisch geschlagene Sahne.

Apfel-Walnuss-Roulade

ANITA KOHLER, TAISERSDORF

Schwierigkeitsgrad: einfach – etwas aufwändig – anspruchsvoll
Zeitaufwand ohne Wartezeiten, Kochen, Backen: 45 Minuten

Zutaten

Biskuit

5 Eier
5 EL kaltes Wasser
1 Prise Salz
150 g Zucker, fein
1 Päckchen Vanillezucker (8 g)
100 g Weizenmehl Type 550 oder Dinkelmehl Type 630
½ TL Backpulver (2 g)
75 g Walnusskerne, fein gehackt

Füllung

2 mittelgroße Äpfel (350 g) einer aromatischen, nicht zu sauren Sorte
3 EL Zitronensaft (15 g)
150 g Joghurt, 3,5 %
1 Messerspitze Zimtpulver
3 gehäufte TL Sahnesteif (15 g)
400 g Sahne, gut gekühlt
3 gestrichene EL Sahnesteif (18 g)
1 Päckchen Vanillezucker (8 g)

Dekoration

	Puderzucker zum Bestäuben
1 EL	Walnusskerne, gehackt (20 g)

Außerdem

Backpapier für das Backblech

Zubereitung

- Den Backofen auf 180° C vorheizen. Einen Bogen Backpapier etwas über Backblechgröße zuschneiden und auf ein Backblech legen.
- Für den Biskuit die Eier trennen.

- Das Eiweiß mit dem Wasser und der Prise Salz halb steif schlagen, dann den Zucker zusammen mit dem Vanillezucker einrieseln lassen und weiterschlagen, bis die Masse ganz fest ist und glänzt.
- Das Eigelb kurz verquirlen und unter den Eischnee ziehen.
- Mehl und Backpulver zusammen sieben, mit den gehackten Walnüssen auf die Eimasse geben und mit einem Spatel oder einem Schneebesen alles unterheben. Rühren Sie dabei nicht zu lange, damit nicht zu viel Luft aus der Masse entweicht.
- Den Biskuitteig gleichmäßig auf das mit Backpapier ausgelegte Backblech streichen.
- Die Biskuitplatte in der Backofenmitte 15 bis 18 Minuten backen.
- Nach dem Backen die Biskuitplatte auf dem Backpapier vom Blech auf die Arbeitsfläche ziehen und das Backblech umgestülpt darüberlegen. Die Platte so weitgehend abkühlen lassen.
- Für die Füllung die Äpfel waschen, abtrocknen und mit der Schale grob raspeln.
- Den Apfelraspeln den Zitronensaft, den Joghurt und das Zimtpulver zugeben. Die 3 Teelöffel Sahnesteif hinzufügen und alles vermischen.
- Die Sahne mit den 3 Esslöffeln Sahnesteif und dem Vanillezucker steif schlagen und unter die Apfelmasse heben.
- Die Biskuitplatte unter dem Backblech hervorholen und mit der Apfelmasse bestreichen. Vorsichtig von der langen Seite her aufrollen.
- Die Rolle auf eine längliche Kuchenplatte legen, mit Puderzucker bestäuben und mit Walnüssen garnieren.

Tipp: Sie können die Roulade auch mit einer Sahnedecke überziehen, statt sie mit Puderzucker zu bestäuben. Dazu schlagen Sie einfach 200 g gut gekühlte Sahne mit einem Päckchen Vanillezucker steif und streichen die Roulade ringsum mit der Sahne ein.

Birnenkuchen mit Streuseln

Menge für eine Springform mit 26 cm Ø
Schwierigkeitsgrad: einfach – etwas aufwändig – anspruchsvoll
Zeitaufwand ohne Wartezeiten, Kochen, Backen: 50 Minuten

Zutaten

Rührteig

125 g	Butter, zimmerwarm
125 g	Zucker, fein
1	Päckchen Vanillezucker (8 g)
1	Prise Salz
2	Eier
125 g	Weizenmehl, Type 405
2	gestrichene TL Backpulver (8 g)
75 g	Speisestärke
3–4 EL	Milch (25 ml)
500 g	Birnen (eine Sorte, die sich zum Backen eignet, zum Beispiel Conference oder Alexander Lucas)

Streusel

100 g	Weizenmehl, Type 405
50 g	Zucker, fein
50 g	Butter, kalt und in kleine Würfel zerteilt
50 g	Marzipanrohmasse, gerieben; sollte die Marzipanrohmasse zum Reiben zu weich sein, kann man sie auch einfach in kleine Flocken zupfen
20 g	Mandelblättchen

Außerdem

Butter für die Backform

Zubereitung

- Für den Rührteig die Butter mit dem Zucker, dem Vanillezucker und der Prise Salz schaumig aufschlagen.
- Die Eier nacheinander unterrühren, das zweite Ei erst zufügen, nachdem das erste Ei gut eingearbeitet ist.
- Mehl, Backpulver und Speisestärke zusammen sieben und zusammen mit der Milch unter die Eier-Butter-Masse rühren.
- Den Backofen auf 180° C vorheizen. Den Rost auf der zweiten Schiene von unten einschieben. Die Springform fetten.
- Den Teig in die Form geben und glatt streichen.
- Die Birnen schälen, vierteln, Blütenansatz, Stiel und Kerngehäuse entfernen, dann die Viertel nochmals teilen. Die Birnenachtel ringförmig auf dem Rührteig anordnen.
- Für die Streusel Mehl, Zucker, Butter und Marzipanrohmasse in einer großen Rührschüssel mit den Händen zu Streuseln verarbeiten.
- Die Streusel gleichmäßig auf den Birnen verteilen, darüber die Mandelblättchen streuen.
- Den Kuchen 35 bis 40 Minuten backen. Nach 25 Minuten Backzeit die Farbe des Kuchens kontrollieren. Sollten die Streusel zu dunkel werden, den Kuchen rechtzeitig mit einem Bogen Alufolie abdecken.
- Den Kuchen nach dem Backen noch 10 Minuten in der Form stehen lassen, dann herausnehmen und auf einem Kuchengitter vollständig abkühlen lassen.

Brombeerkuchen

Menge für eine eckige Backform oder einen Backrahmen,
26 x 26 cm bis 28 x 28 cm
Schwierigkeitsgrad: einfach – etwas aufwändig – anspruchsvoll
Zeitaufwand ohne Wartezeiten, Kochen, Backen: 45 Minuten

Zutaten

Streuselteig für Boden und Belag

500 g	Weizenmehl, Type 405, gesiebt
175 g	Zucker, fein
1	Päckchen Vanillezucker (8 g)
1	Prise Salz
	Schalenabrieb einer halben Bio-Zitrone
300 g	Butter, kalt und in kleine Würfel geschnitten

Belag

100 g	Butter, zimmerwarm
100 g	Zucker, fein
	Schalenabrieb einer halben Bio-Zitrone
3	Eier
500 g	Frischkäse, Doppelrahmstufe
2	gehäufte EL Vanillepuddingpulver (zum Kochen) (30 g)
500 g	frische Brombeeren*

Außerdem

Puderzucker nach Belieben
Butter für die Backform
Evtl. einen Bogen Backpapier für das Backblech

Zubereitung

- Den Backofen auf 190° C vorheizen. Die Backform fetten. Sollten Sie einen Backrahmen verwenden, legen Sie den Bogen Backpapier auf das Backblech und ziehen Sie den Backrahmen auf die entsprechende Größe aus.
- Für den Streuselteig alle Zutaten in eine große Schüssel geben und mit den Händen zusammenkneten, bis sich die Zutaten verbunden haben und Streusel entstanden sind.
- Etwas mehr als die Hälfte der Streuselmasse in die Backform bzw. den Backrahmen geben, gleichmäßig verteilen und mit der flachen Hand leicht andrücken.
- Den Boden 10 Minuten auf der mittleren Backofenschiene backen, herausnehmen und abkühlen lassen.
- In der Zwischenzeit die Brombeeren verlesen, eventuell leicht abbrausen und trocken tupfen.
- Für die Frischkäsecreme die Butter mit dem Zucker und dem Zitronenschalenabrieb schaumig aufschlagen.
- Die Eier nacheinander unterrühren.
- Dann den Frischkäse und das Vanillepuddingpulver unterrühren.
- Die Brombeeren gleichmäßig auf dem vorgebackenen Boden verteilen, dann die Käsecreme darüberstreichen. Abschließend die verbliebenen Streusel aufstreuen.
- Den Kuchen 45 Minuten auf der mittleren Einschubleiste backen. Die Streusel sollten eine goldgelbe Farbe haben.
- Nach Ende der Backzeit den Kuchen aus dem Ofen nehmen und in der Form bzw. auf dem Backblech weitgehend abkühlen lassen.
- Nach Belieben vor dem Servieren mit Puderzucker überstäuben.

---

* Brombeeren: Sie können anstelle der frischen Brombeeren auch TK-Ware verwenden. Diese lassen Sie vor der Verarbeitung auftauen und gut abtropfen.

Dinnele, Dünnele, Dünnete

Dinnele, die je nach Region auch *Dennete, Deie, Dinnede, Dünne, Dünnele, Dünnete* oder *Dinnete* genannt werden, sind eine Spezialität der schwäbisch-alemannischen Küche. Ihre Entstehung geht wohl auf eine Zeit zurück, in der noch nicht jeder Haushalt einen Backofen besaß und man sich regelmäßig im Backhaus zum gemeinsamen Brotbacken traf. Vermutlich wurden damals dünne Teigfladen zum Testen der Hitze im Ofen verwendet. Die dünn ausgerollten Teigplatten – daher der Name Dinnele – wurden vor den Brotlaiben in den Holzofen geschoben. Je nach Ergebnis musste die Hitze im Ofen reduziert oder es musste nachgeheizt werden, bevor die Brotlaibe eingeschossen werden konnten.
Der Belag bestand zunächst aus dem, was in jeder zünftigen Bauernküche vorhanden war: Zwiebeln und Speck. Heute ist die Grundlage eines Dinnele eine Creme aus Sauerrahm, Eiern und Mehl. Der Belag kann neben Zwiebeln und Speck auch aus Gemüse, Käse oder in der süßen Variante aus Äpfeln oder Zwetschgen bestehen.

Dinnele, auch »schwäbische Pizza« genannt, werden auf der deutschen Seite des Bodensees vielerorts serviert.

Menge für circa 11 Dinnele
Schwierigkeitsgrad: einfach – etwas aufwändig – anspruchsvoll
Zeitaufwand ohne Wartezeiten, Kochen, Backen: knapp 1 Stunde

Zutaten

Hefeteig

1000 g Brotmehl Type 700*
1 Würfel Hefe (42 g)
575 ml (circa) Wasser, lauwarm
30 g Salz
6 EL Rapsöl (50 g)

Belag

100 g Weizenmehl Type 405
400 g Sauerrahm
2 Eier
2 TL (circa) Salz (10 g) – beim Salzen sollte man auf alle Fälle vorsichtig sein, da der Speck, der auf die Dinnele gestreut wird, salzhaltig ist
Pfeffer aus der Mühle
3 große Zwiebeln/Höribülle** (250 g), fein gewürfelt
250 g geräucherter Speck, in kleine Würfel geschnitten

Außerdem

Mehl zum Arbeiten
Backpapier für das Backblech

Zubereitung

☛ Aus den Zutaten einen Hefeteig herstellen. Dafür zunächst das Mehl in eine ausreichend große Schüssel sieben. Die Hefe in eine Tasse bröckeln und mit einem Teil des lauwarmen Wassers glattrühren.

☛ Die aufgelöste Hefe, die übrigen Zutaten sowie gut 4/5 des verbliebenen Wassers zufügen, alles mit den Knethaken der Küchenmaschine gut vermengen. Sollte der Teig jetzt noch sehr fest bzw. zu trocken sein, das restliche Wasser zugeben und unterkneten. Dann den Teig zugedeckt an einem warmen Ort circa 1 Stunde gehen lassen.

- Den Teig nochmals durchkneten und mit den Händen elf gleich große Teigportionen – etwa in der Größe einer Dampfnudel – abteilen (jede Teigportion müsste dann circa 150 g wiegen). Die Teigportionen nochmals 15 Minuten gehen lassen.
- Den Backofen auf 250° C vorheizen.
- In der Zwischenzeit für den Belag Mehl, Sauerrahm, Eier, Salz und Pfeffer zu einer sämigen Masse verrühren. Die Zwiebelwürfel unterheben.
- Nun jede Teigportion mit den Händen zu einer ovalen Platte ausziehen und auf das mit Backpapier versehene Backblech legen. Den Belag aufstreichen und zum Schluss den feingewürfelten Speck darüberstreuen.
- Die Dinnele in der Backofenmitte circa 15 Minuten backen.

Tipp: Am besten schmecken die Dinnele ofenfrisch und heiß serviert. Dazu passt hervorragend ein Glas Most oder Federweißer.

* Brotmehl Type 700 ist eine helle Mehlmischung, die aus 80 Prozent Weizenmehl Type 550 und 20 Prozent Roggenmehl Type 1150 besteht. Diese Mehlmischung erhalten Sie am ehesten in einem Mühlenladen. Sie können sich dieses Mehl auch einfach selbst herstellen, indem Sie – für dieses Rezept – 800 g Weizenmehl Type 550 und 200 g Roggenmehl Type 1150 mischen. Alternativ zu dieser Mehlmischung können Sie auf jeden Fall auch einfach Weizenmehl Type 550 nehmen, das jeder besser sortierte Supermarkt anbietet.

** Verwenden Sie die Höribülle – Bülle ist die im Bodensee-Alemannischen gebräuchliche Bezeichnung für Zwiebel – für Ihre Dinnete, erhalten Sie eine *»Bülledünne«*. Die Höri-Zwiebel zeichnet sich durch eine besondere Milde aus. Sie wird nur auf der Halbinsel Höri am Zeller See zwischen Radolfzell und dem schweizerischen Stein am Rhein, genauer gesagt in den Gemeinden Moos, Iznang, Bankholzen und Weiler, von Kleinbauern angebaut. Die Höribülle wurde wohl schon im 8. Jahrhundert auf der Höri gezogen, zumindest ist durch Geschichtsschreiber des Klosters Reichenau der Gemüse- und Zwiebelanbau am westlichen Teil des Bodensees bereits für das 8. Jahrhundert belegt. Seit 1976 wird die besondere Bedeutung des Anbaus der Bülle für die Höri alljährlich durch das am ersten Oktoberwochenende in Moos stattfindende *Büllefest* gefeiert. Die Höribülle wurde als bisher einziges Bodensee-Produkt von dem *Slow-Food Convivium Bodensee* in ihre *Arche des Geschmacks* als schützenswertes Produkt aufgenommen.

Die süße Variante

Für die süße Variante, zum Beispiel mit Äpfeln, stellen Sie einen Hefeteig wie oben beschrieben her, nehmen jedoch nur eine Prise Salz statt der 30 g. Beim Belag lassen Sie Salz und Pfeffer weg, fügen stattdessen 2 Esslöffel Zucker hinzu und belegen die Dinnele statt mit Zwiebeln und Speck mit circa 1 mm dick geschnittenen Apfelringen und bestreuen diese vor dem Backen mit Zimtzucker.

Erdbeercharlotte

Menge für eine Charlotte mit Ø 26 cm

Schwierigkeitsgrad: einfach – etwas aufwändig – anspruchsvoll

Zeitaufwand ohne Wartezeiten, Kochen, Backen: 45 Minuten – bei Verwendung gekaufter Löffelbiskuits

Zutaten

750 g	Mascarpone
5 EL	Saft frisch gepresster Zitronensaft (30 g)
2	Päckchen Vanillezucker (16 g)
5	leicht gehäufte EL Puderzucker (65 g), gesiebt
2	Beutel Gelatine fix*
400 g	Sahne, gut gekühlt
800 g	Erdbeeren
350 g	Löffelbiskuits – gekauft** oder selbst gemacht***

Dekoration

gehackte Pistazien

Außerdem

1	Springformrand mit Ø 26 cm oder einen stabilen Tortenring

Zubereitung

- Für die Mascarponecreme den Mascarpone mit dem Zitronensaft, dem Vanillezucker und dem Puderzucker mit dem Handmixer verrühren.
- Das Gelatine fix unter Rühren einrieseln lassen und 1 Minute weiterrühren.
- Die Sahne steif schlagen und mit einem Teigspatel unter die Mascarponecreme heben.
- Die Erdbeeren verlesen. Möglichst nicht waschen. Falls den Erdbeeren Erde oder Stroh anhaftet, die Erdbeeren nur ganz kurz in eine Schüssel mit kaltem Wasser tauchen und trockentupfen.
- 5 oder 6 besonders schöne Früchte für die Dekoration beiseitelegen. An den übrigen Beeren die Stielansätze entfernen und die Beeren je nach Größe ganz verwenden, halbieren oder vierteln.
- Den geschlossenen Springformrand oder den Tortenring (auf 26 cm Ø aufgezogen) auf eine Kuchenplatte stellen. Bei den Löffelbiskuits, die den Rand der Charlotte bilden sollen, an einem Ende knapp die Rundung abschneiden und mit dem abgeschnittenen Ende innerhalb des Springformrandes eng nebeneinanderstellen. Dann den Boden mit den übrigen Löffelbiskuits auslegen. Dabei die Biskuits, die am Springformrand zu liegen kommen, etwas in Form schneiden und eventuell die Lücken am Boden mit kleingeschnittenen Biskuitstückchen füllen.
- Etwa ein Drittel der Mascarponecreme auf die Biskuits streichen, die Hälfte der Erdbeeren daraufschichten, ein weiteres Drittel Creme aufstreichen, die restlichen Erdbeeren darüberschichten und mit einer Schicht Creme abschließen. Die Oberfläche glatt streichen.
- Die Torte mit den zurückbehaltenen Erdbeeren und den Pistazien dekorieren.
- Die Charlotte mindestens 4 Stunden kalt stellen.
- Direkt vor dem Servieren den Springformrand bzw. den Tortenring lösen.

* Wenn die Charlotte nach der Zubereitung sehr gut gekühlt wird und bis zum Servieren auch kalt gehalten werden kann, reicht auch 1 Beutel Gelatine fix. Sie können im Übrigen auch das Gelatine fix durch Blattgelatine oder gemahlene Gelatine ersetzen: 1 Beutel Gelatine fix entspricht 2–3 Blättern Gelatine, 2 Beutel Gelatine fix entsprechen 1 Päckchen gemahlener Gelatine. Nach Packungsanleitung verarbeiten.

** Falls Sie gekaufte Löffelbiskuits verwenden wollen, sind französische Löffelbiskuits oder Biskuits aus der Konditorei empfehlenswert. Diese sind in der Regel viel zarter und weicher und haben nicht die harte Zuckerkruste der herkömmlichen Löffelbiskuits aus dem Supermarkt.

*** Rezept Löffelbiskuits (ergibt circa 40 Stück):

Zutaten

4 Eier, getrennt
1 Prise Salz
140 g Zucker
1 Päckchen Vanillezucker (8 g)
110 g Mehl (Type 405)
40 g Speisestärke (Mondamin)
Puderzucker zum Bestäuben

Zubereitung

Den Backofen auf 180° C vorheizen. Zwei Backbleche mit je einem Bogen Backpapier belegen. Das Eiweiß mit der Prise Salz steif schlagen, den Zucker und den Vanillezucker einrieseln lassen und weiterschlagen, bis der Schnee eine glänzende feste Konsistenz hat. Die Eigelbe kurz verquirlen und unter den Eischnee ziehen. Mehl und Speisestärke zusammen über die Eimasse sieben und unterheben. Die Masse in einen Spritzsack mit großer glatter Lochtülle füllen und etwa 8 cm lange, an den Enden etwas dickere Teigstränge auf die mit Backpapier belegten Bleche spritzen. Mit gesiebtem Puderzucker überstäuben. 12 bis 15 Minuten auf der mittleren Schiene backen. Die Löffelbiskuits vom Papier nehmen und auf einem Kuchengitter abkühlen lassen.

Gugelhopf

CAFÉ-CONFISERIE SPÄTH »ZUR HOFFNUNG«,
CH-STEIN AM RHEIN

Menge für 2 Gugelhupfformen à je 1400 ml Inhalt bzw. Ø oben 18 cm oder 1 Gugelhupfform à 2800 bis 3000 ml Inhalt
Schwierigkeitsgrad: einfach – etwas aufwändig – anspruchsvoll
Zeitaufwand ohne Wartezeiten, Kochen, Backen: 40 Minuten

Zutaten

150 g	Butter
50	Bitterkuvertüre 70 %
50 ml	Milch
5	Eier
400 g	Zucker, fein
50 g	Vanillepuddingpulver (zum Kochen)
500 g	Weizenmehl, Type 405
50 g	Speisestärke
25 g	Backpulver
100 g	Haselnüsse, gemahlen
10 g	Vanillezucker
300 ml	Milch, 3,5 %

Außerdem:

Butter für die Formen
circa 25 g gehobelte Mandeln zum Ausstreuen der Formen
nach Belieben Puderzucker zum Bestäuben des Kuchens

Zubereitung

- Den Backofen auf 190° C vorheizen, den Rost auf der zweiten Schiene von unten einschieben. Die Backformen fetten und mit den gehobelten Mandeln ausstreuen.
- Die Butter in einem Töpfchen bei milder Hitze flüssig werden lassen, dann beiseitestellen.
- Die Kuvertüre im Wasserbad schmelzen und ebenfalls beiseitestellen. Die 50 ml Milch leicht erwärmen.
- Dann zunächst die Eier mit dem Zucker und dem Vanillepuddingpulver mit den Schneebesen des Handmixers schaumig aufschlagen.
- Mehl, Speisestärke und Backpulver zusammen in eine Schüssel sieben, die gemahlenen Haselnüsse und den Vanillezucker dazugeben und alles locker miteinander mischen.
- In mehreren Portionen das Mehl-Haselnuss-Gemisch und die Milch in die Ei-Zucker-Mischung rühren. Dann alles zusammen circa 5 Minuten lang schlagen, bis die Masse zäh wird.
- Schließlich die flüssige abgekühlte Butter unterrühen.
- $^1/_3$ der Teigmasse mit der geschmolzenen Kuvertüre und der lauwarmen Milch verrühren.
- Dann beide Teige abwechselnd in die Formen füllen.
- Die beiden kleineren Kuchen 40 bis 45 Minuten backen, den großen Kuchen 50 bis 55 Minuten. Am Ende der Backzeit die Stäbchenprobe machen.
- Die Kuchen nach dem Backen noch circa 10 Minuten in den Formen stehen lassen, dann auf ein Kuchengitter stürzen und vollständig abkühlen lassen.
- Nach Belieben vor dem Servieren noch leicht mit Puderzucker überstäuben.

Hagnauer Kaffeeklatsch

HOTEL • RESTAURANT • BÄCKEREI • CAFÉ
»DER LÖWEN«, HAGNAU

Menge für einen Backrahmen der Größe 25 x 28 cm oder eine entsprechend große Backform
Schwierigkeitsgrad: einfach – **etwas aufwändig** – anspruchsvoll
Zeitaufwand ohne Wartezeiten, Kochen, Backen: 40 Minuten

Zutaten

200 g	Butter, zimmerwarm
180 g	Zucker, fein
4	Eier
125 g	Weizenmehl, Type 405
1	leicht gehäufter TL Backpulver (6 g)
1	leicht gehäufter TL Zimtpulver (2 g)
125 g	gemahlene Haselnusskerne
100 g	Schokostreusel (oder gehackte Schokolade)
450 g	frische Sauerkirschen mit Stein (alternativ: Sauerkirschen aus dem Glas, 350 g Abtropfgewicht)

Außerdem

bei Verwendung eines Backrahmens: Backtrennpapier für das Backblech
bei Verwendung einer Backform: Fett für die Backform
nach Belieben Puderzucker zum Bestäuben des Kuchens

Zubereitung

- ☛ Frische Kirschen waschen, falls nötig entstielen und trockentupfen. Kirschen aus dem Glas in ein Sieb schütten und abtropfen lassen.
- ☛ Den Backofen auf 180° C vorheizen. Falls Sie eine Backform verwenden, fetten Sie diese und schieben Sie den Rost auf der mittleren Schiene ein. Sollten Sie einen Backrahmen nehmen, legen Sie den Bogen Backpapier auf das Backblech, stellen den Backrahmen darauf und ziehen ihn auf die erforderliche Größe aus.
- ☛ Die weiche Butter zusammen mit dem Zucker hellschaumig aufschlagen.
- ☛ Die Eier nacheinander unterrühren.
- ☛ Mehl, Backpulver und Zimt zusammen über die Fett-Eier-Masse sieben und kurz unterrühren.
- ☛ Gemahlene Haselnüsse und Schokostreusel unterrühren.
- ☛ Die Kirschen mit einem Teigspatel unterheben.
- ☛ Den Teig in die Form bzw. den Backrahmen geben und glatt streichen.
- ☛ Den Kuchen circa 35 Minuten backen.
- ☛ Den Kuchen nach dem Backen noch 10 Minuten in der Form bzw. im Backrahmen auf dem Backblech stehen lassen, dann auf ein Kuchengitter geben und vollständig abkühlen lassen.
- ☛ Zum Servieren in Quadrate schneiden.

Mein Tipp für Schokofans: Wer Schokolade liebt, kann den Kuchen nach dem Erkalten mit einem Schokoladenüberzug versehen.

Himbeer-Joghurt-Torte

Menge für eine Springform Ø 26 cm

Schwierigkeitsgrad: einfach – etwas aufwändig – anspruchsvoll

Zeitaufwand ohne Wartezeiten, Kochen, Backen: knapp 60 Minuten

Zutaten

Biskuit

3 Eier
1 Prise Salz
3 EL kaltes Wasser
75 g Zucker, fein
40 g Speisestärke
70 g Weizenmehl, Type 405

Belag

300 g Vollmilchjoghurt, natur
60 g Zucker
400 g Sahne
2 Päckchen Sahnesteif
2 Päckchen Vanillezucker (16 g)
350 g Himbeeren

Dekoration

400 g Himbeeren
Puderzucker zum Bestäuben

Außerdem

Backtrennpapier für den Springformboden
ein Tortenring

Zubereitung

- Den Backofen auf 200° C vorheizen, den Rost auf der zweiten Schiene von unten einschieben.
- Einen Bogen Backpapier auf den Springformboden legen und den Boden mit dem Papier in den Formrand einspannen, das heißt, die Form schließen.
- Die Eier für den Biskuit trennen.
- Das Eiweiß zusammen mit dem Salz und dem Wasser zu festem Schnee schlagen, den Zucker einrieseln lassen und weiterschlagen, bis die Masse sehr fest ist und glänzt.
- Das Eigelb kurz verquirlen und unter den Eischnee heben.

- ☛ Die Speisestärke zusammen mit dem Mehl locker darübersieben und unterheben.
- ☛ Den Teig in die vorbereitete Form füllen, glatt streichen und sofort in den Ofen schieben.
- ☛ Den Biskuit 13 bis 15 Minuten backen.
- ☛ Den Biskuit nach dem Backen noch kurz in der Form stehen lassen, dann herausnehmen und vollständig auskühlen lassen.
- ☛ Die Himbeeren verlesen, nicht waschen.
- ☛ Den Joghurt mit dem Zucker verrühren.
- ☛ Die Sahne mit dem Sahnesteif und dem Vanillezucker steif schlagen, auf den Joghurt geben und unterziehen.
- ☛ Die Himbeeren darunterheben.
- ☛ Den vollständig ausgekühlten Biskuit auf eine Tortenplatte legen und den Tortenring darum herumstellen.
- ☛ Die Himbeermasse einfüllen und glatt streichen.
- ☛ Die Oberfläche der Torte dicht an dicht mit Himbeeren belegen und die Torte für 3 bis 4 Stunden im Kühlschrank gut durchkühlen lassen.
- ☛ Mit einem Messer innen am Tortenring entlangfahren, den Tortenring entfernen und die Tortenoberfläche unmittelbar vor dem Servieren leicht mit Puderzucker überstäuben.

Himmelstorte

BETZNAUER BAUERNCAFÉ,
FAMILIE HAUBER, KRESSBRONN-BETZNAU

Menge für eine Springform Ø 26 cm
Schwierigkeitsgrad: einfach – **etwas aufwändig** – anspruchsvoll
Zeitaufwand ohne Wartezeiten, Kochen, Backen: knapp 1 Stunde

Zutaten

Böden

125 g	Butter, zimmerwarm
75 g	Zucker, fein
5	Eigelb
100 g	Weizenmehl, Type 405
1	gestrichener TL Backpulver (4 g)
50 ml	Milch
5	Eiweiß
250 g	Zucker, fein
100 g	Mandelblättchen

Füllung

5	Blatt Gelatine
400 g	Sauerrahm, 20 % Fettgehalt
75 g	Zucker
200 g	Schlagsahne, gut gekühlt
	Saft einer halben Zitrone (25 g)

Außerdem

Butter für die Backform
ein Tortenring

Zubereitung

- Den Backofen auf 180° C vorheizen. Den Rost in der Backofenmitte einschieben. Die Springform fetten.
- Für den Teig der Böden die Butter mit dem Zucker sehr schaumig rühren. Die Eigelb nacheinander unterrühren.
- Mehl und Backpulver zusammen sieben und unter die Eigelb-Butter-Masse rühren. Zum Schluss die Milch zugeben.
- Die Hälfte des Teigs in die Springform geben und glatt streichen.
- Das Eiweiß steif schlagen, den Zucker einrieseln lassen und weiterschlagen, bis die Masse ganz fest und glänzend ist. Die Hälfte der Baisermasse in die Form geben und glatt streichen, mit der Hälfte der Mandelblättchen bestreuen.
- Den Boden circa 20 Minuten goldbraun backen.
- Den zweiten Boden mit der zweiten Hälfte der Zutaten wie den ersten backen.
- Die Böden nach dem Backen auf Kuchengittern abkühlen lassen.
- Sobald die Böden vollständig abgekühlt sind, einen der Böden auf eine Tortenplatte legen und den Tortenring um ihn spannen.
- Die Gelatine in kaltem Wasser einweichen.
- Den Sauerrahm mit dem Zucker verrühren, die Sahne steif schlagen.
- Den Zitronensaft in einem Töpfchen heiß werden lassen und die gut ausgedrückte Gelatine darin auflösen.
- Einige Esslöffel der Sauerrahm-Masse in die Gelatine rühren. Die angerührte Gelatine dann mit einem Schneebesen oder einem Teigspatel gleichmäßig unter die Sauerrahm-Masse ziehen.
- Die Creme ins Kalte stellen. Sobald sie anzieht, die steifgeschlagene Sahne unterheben.
- Die Creme in den Tortenring füllen und glatt streichen. Den zweiten Boden auflegen.
- Mindestens 6 Stunden im Kühlschrank fest werden lassen.

Tipp: Zum Schneiden der Torte empfiehlt sich ein elektrisches Messer.

Himmelstorte mit Obst

Diese Himmelstorte ist eine Variante der Himmelstorte, die im Betznauer Bauerncafé serviert wird. Man findet sie häufig am Bodensee, aber auch in Norddeutschland, wo sie unter dem Namen *Hansen-Jensen-Torte* bekannt ist.

Menge für eine Springform Ø 24 cm und eine Springform Ø 26 cm
Schwierigkeitsgrad: einfach – etwas aufwändig – anspruchsvoll
Zeitaufwand ohne Wartezeiten, Kochen, Backen: 1 Stunde

Zutaten

Böden

100 g	Butter, weich
100 g	Zucker
1	Päckchen Vanillezucker (8 g)
4	Eigelb
125 g	Weizenmehl, Type 405
1	gestrichener TL Backpulver (4 g)
4	Eiweiß
1	Prise Salz
200 g	Zucker, fein
100 g	Mandelblättchen

Füllung

500 g	Sahne, mindestens 32 % Fettgehalt*, gut gekühlt
1	Glas Stachelbeeren (Abtropfgewicht 360 g), gut abgetropft

Außerdem

	Butter für die Backformen

Zubereitung

- Den Backofen auf 180° C vorheizen. Den Rost in der Backofenmitte einschieben. Die Springformen fetten.
- Für den Teig der Böden die Butter mit dem Zucker und dem Vanillezucker schaumig aufschlagen. Die Eigelb nacheinander unterrühren.
- Mehl und Backpulver zusammen sieben und unter die Eigelb-Butter-Masse rühren.
- Den Teig auf die beiden Springformen verteilen und glatt streichen.
- Die Eiweiß mit der Prise Salz steif schlagen, den Zucker einrieseln lassen und weiterschlagen, bis die Masse ganz fest und glänzend ist. Die Baisermasse in die Formen geben und glatt streichen, mit den Mandelblättchen bestreuen.
- Die Böden nacheinander circa 25 Minuten backen.
- Den kleineren Boden sofort nach dem Backen in 12 gleich große Segmente schneiden. Abkühlen lassen.
- Sobald die Böden vollständig abgekühlt sind, den größeren Boden auf eine Tortenplatte legen.
- Die Sahne steif schlagen und die Hälfte davon auf den Boden streichen. Die abgetropften Stachelbeeren gleichmäßig darauf verteilen und die verbliebene Sahne über die Stachelbeeren streichen.
- Die Deckelsegmente auflegen und bis zum Servieren kühl stellen.

Tipp: Schmeckt auch mit anderen Beeren wie Johannis- oder Himbeeren oder auch mit Sauerkirschen. Frische Johannis- oder Himbeeren können so verwendet werden, Sauerkirschen sollten natürlich entsteint und am besten auch kurz gedünstet werden.

* Sahne mit 32 Prozent und mehr Fettgehalt lässt sich wunderbar ohne Steifmittel fest aufschlagen. Nimmt man Sahne mit nur 30 Prozent Fettgehalt, sollte man unter Umständen bei hohen Außentemperaturen entweder 2 Tütchen Sahnesteif unterschlagen, um sicherzugehen, dass die Sahne in Form bleibt, oder die Sahne mit 3 Blatt weißer Gelatine festigen.

Bei Verwendung von Gelatine gehen Sie wie folgt vor: Gelatineblätter zum Einweichen in einen tiefen Teller mit kaltem Wasser legen. Die Sahne steif schlagen. Gelatine gut ausdrücken und in einem Töpfchen bei mittlerer Hitze erwärmen, bis sie flüssig ist. Einige Esslöffel der steifgeschlagenen Sahne in die Gelatine rühren und diese dann mit einem Schneebesen oder einem Teigspatel gleichmäßig unter die Sahne ziehen.

Hutzelbrot

Hutzeln oder *Hutzen* sind getrocknete Birnenschnitze. In Tirol und Teilen Bayerns werden diese auch *Kletzen* genannt. Der umgangssprachliche Begriff *hutzelig* bedeutet runzelig, verschrumpelt und beschreibt damit treffend das Aussehen der verdorrten Früchte. Ursprünglich wurde das Hutzelbrot von der Bäuerin zu Weihnachten gebacken und wurde je nach Region auch mit anderen getrockneten Früchten wie Zwetschgen, Feigen, Datteln oder Aprikosen hergestellt. Oft wird der Teig statt zu Laiben auch zu Hutzelwecken oder Hutzelmännchen verarbeitet.
Eduard Mörike widmete 1853 diesem Backwerk sein Märchen vom »Stuttgarter Hutzelmännchen«. In dem Märchen schenkt ein Hutzelmännchen einem Stuttgarter Schustergesellen, der auf Wanderschaft geht, neben zwei Paar Glücksschuhen ein Hutzelbrot, das immer nachwächst, wenn er nur einen kleinen Rest übrig lässt. Auf seiner Wanderschaft durch das Schwäbische erreicht er schließlich Ulm, wo er bei einer schönen Meisterin unterkommt, mit der er sich bald verlobt. Eines Tages jedoch verfüttert die Schöne den letzten Rest des Hutzelbrotes an ihren Vogel, so dass dieser Schatz für immer verloren geht.

Schwierigkeitsgrad: einfach – etwas aufwändig – anspruchsvoll
Zeitaufwand ohne Wartezeiten, Kochen, Backen: 45 Minuten

Für Hutzelbrote wird oft ein Hefeteig als Grundteig verwendet, das hier vorgestellte Rezept ist eine Variante, bei dem keine Hefe, sondern Backpulver als Triebmittel zum Einsatz kommt.

Da die Trockenfrüchte für das Hutzelbrot über Nacht eingeweicht werden müssen, sollten Sie mit den Vorbereitungen am Vortag beginnen.

Zutaten

100 g	getrocknete Birnen
100 g	getrocknete Zwetschgen
100 g	getrocknete Feigen
25 g	getrocknete Aprikosen
50 ml	(bis 75 ml) Rum
50 g	Rosinen
150 g	Haselnusskerne, grob gehackt
100 g	Mandeln, grob gehackt
	etwas Schalenabrieb einer unbehandelten Zitrone
3	Eier
125 g	Vollrohrzucker
1	Vanilleschote, das ausgeschabte Mark
75 g	Roggenmehl, Type 1150
75 g	Weizenmehl, Type 550
½	Päckchen Backpulver (8 g)
½ TL	Zimtpulver
1	Messerspitze gemahlene Nelken
1	Messerspitze Ingwerpulver
1	Messerspitze gemahlener Anis

Außerdem

Backtrennpapier für das Backblech
nach Belieben einige geschälte Mandeln zur Dekoration

Zubereitung

☛ Die getrockneten Früchte kleinschneiden und über Nacht im Rum einlegen.

☛ Am nächsten Tag den Backofen auf 180° C vorheizen.

☛ Das gesamte Obst mit den Rosinen, den Haselnüssen und den Mandeln in eine Schüssel geben, den Zitronenschalenabrieb hinzufügen und alles sehr gut vermischen.

- Die Eier mit dem Zucker schaumig aufschlagen.
- Das ausgekratzte Vanillemark und die Früchte-Nuss-Mischung hinzufügen.
- Mehl, Backpulver und Gewürze zusammen sieben und unterkneten.
- Den Teig mit nassen Händen zu einem Laib formen und auf das mit Backpapier belegte Backblech legen.
- Sollte der Teig zum Ausformen zu weich sein, kneten Sie noch etwas Mehl unter.
- Die abgezogenen Mandeln auf der Brotoberfläche dekorativ anordnen und das Hutzelbrot 70 bis 80 Minuten auf der mittleren Schiene backen. Nach einer guten halben Stunde die Farbe des Hutzelbrotes kontrollieren. Bei Bedarf mit einem Bogen Alufolie abdecken.

Käsesahnetorte

MARIA-LUISE BECK, LINDAU-BECHTERSWEILER

Menge für einen Tortenring Ø 26 cm

Schwierigkeitsgrad: einfach – **etwas aufwändig** – anspruchsvoll

Zeitawufwand ohne Wartezeiten, Kochen, Backen: 1 ¼ Stunden

Zutaten

Mürbeteigböden

200 g	Weizenmehl, Type 405
1	gestrichener TL Backpulver (4 g)
50 g	Zucker, fein
100 g	Butter, zimmerwarm
1	Ei (S)
2 EL	(knapp) Milch
	Schalenabrieb einer halben unbehandelten Zitrone

Käse-Sahne-Creme

9	Blatt weiße Gelatine
4	Eigelb
180 g	Zucker
400 ml	Milch
1	Päckchen Vanillezucker (8 g)
	Saft und Schalenabrieb einer unbehandelten Zitrone
500 g	Quark 40 %, durch ein Sieb passiert
60 g	Weintrauben, gewaschen und trockengetupft
4	Eiweiß
150 g	Sahne

Außerdem

Mehl zum Arbeiten
2 Bögen Backpapier
1 Tortenring
1 Streifen Backpapier oder Pergamentpapier in der Länge des Tortenringumfangs

Puderzucker zum Bestäuben der Kuchendecke

Zubereitung

- Den Backofen auf 200° C vorheizen.
- Für den Mürbeteig das Mehl mit dem Backpulver zusammen sieben, dann alle Zutaten mit den Knethaken der Küchenmaschine zusammenarbeiten.
- Den Teig in zwei Hälften teilen und aus jeder Hälfte eine dünne Platte mit 26 cm Durchmesser ausrollen. Die Böden jeweils auf die mit Backpapier ausgelegten Backbleche legen und mit einer Gabel stippen.
- Jeden Boden in der Mitte des Backofens 12 bis 15 Minuten backen. Die Böden sollten nicht zu dunkel werden.
- Einen der beiden Böden sofort nach dem Backen mit einem langen Messer in 12 Segmente teilen. Die Böden auf Kuchengittern abkühlen lassen.
- Sobald die Böden abgekühlt sind, den ungeteilten Boden auf eine Kuchenplatte legen und den Tortenring darumstellen. Den inneren Rand des Tortenrings mit dem Streifen Pergament- bzw. Backpapier auslegen.
- Für die Käse-Sahne-Creme die Gelatineblätter in kaltem Wasser einweichen.
- Eigelb und Zucker über einem heißen Wasserbad schaumig schlagen, die Milch zufügen und weiterschlagen, bis die Masse sehr heiß ist.
- Die Gelatine in der heißen Eigelb-Zucker-Milch-Mischung auflösen, die Schüssel vom Wasserbad nehmen und die Masse abkühlen lassen.
- Dann Vanillezucker, Zitronensaft und -schalenabrieb sowie den durchpassierten Quark unterrühren, die Weintrauben unterheben.

- Eiweiß steif schlagen, die Sahne ebenfalls. Sobald die Quarkmasse zu gelieren beginnt, den Eischnee und zum Schluss die steifgeschlagene Sahne unterheben.
- Die Creme, kurz bevor sie ganz fest ist, in den Tortenring füllen und glatt streichen.
- Die Käsesahnetorte mindestens 4 Stunden ins Kalte stellen.
- Vor dem Servieren den Tortenring entfernen, die 12 Mürbeteigsegmente auflegen und die Kuchenoberfläche mit Puderzucker bestäuben.

Käseschmandkuchen

CAFÉ HÖPKER, FRIEDRICHSHAFEN-FISCHBACH

Menge für eine konische Springform 28 cm (Boden), 32 cm (oberer Rand)
Schwierigkeitsgrad: einfach – etwas aufwändig – anspruchsvoll
Zeitaufwand ohne Wartezeiten, Kochen, Backen: 45 Minuten

Zutaten

Mürbeteigboden

160 g Butter, weich
80 g Zucker, fein
1 Prise Salz
1 Ei
250 g Weizenmehl, Type 405

Füllung

670 g Quark, 20 %
400 g Schmand, 24 %
4 Eigelb (80 g) – die Eiweiß anderweitig verwenden
Mark einer Vanilleschote
240 g Milch, 3,5 %
100 g Sonnenblumenöl
1 Prise Salz
55 g Speisestärke
200 g Zucker

Außerdem

Mehl zum Arbeiten
Butter für die Form

Zubereitung

- Für den Mürbeteig die Butter, den Zucker, die Prise Salz und das Ei mit den Quirlen des Handmixers oder in der Küchenmaschine glattrühren.
- Das Mehl auf die Arbeitsplatte sieben, einen Kranz bilden und die Butter-Zucker-Ei-Masse hineingeben. Zu einem Teig kneten.
- Den Teig zu einer Kugel formen und in Frischhaltefolie oder in einen Gefrierbeutel verpackt für ½ bis 1 Stunde in den Kühlschrank legen. Dann lässt sich der Teig problemlos verarbeiten.
- Den Backofen auf 180° C vorheizen, den Rost auf der untersten Schiene einschieben. Die Backform fetten.
- In der Zwischenzeit für die Füllung Quark, Schmand, Eigelb, Mark der Vanilleschote, Milch, Sonnenblumenöl und die Prise Salz glatt rühren.
- Die Speisestärke mit dem Zucker in einer Schüssel mischen und unter die Quark-Schmand-Masse rühren.
- Den Mürbeteig auf der leicht mit Mehl bestäubten Arbeitsplatte etwas größer als der obere Formdurchmesser ausrollen und die Form damit auskleiden. Dabei einen 4 cm hohen Rand formen.
- Die Füllung hineingießen.
- Den Kuchen circa 70 bis 75 Minuten backen.
- Nach Ende der Backzeit den Kuchen aus dem Ofen nehmen, noch 10 Minuten in der Form stehen lassen, dann vorsichtig aus der Form nehmen und auf einem Kuchengitter vollständig abkühlen lassen.

Marillen-Streusel-Fladen

CAFÉ KONDITOREI SCHALLERT, A-HÖCHST

Menge für eine Tarteform mit Ø 30 cm und mindestens 2,5 cm Höhe
Schwierigkeitsgrad: einfach – etwas aufwändig – anspruchsvoll
Zeitaufwand ohne Wartezeiten, Kochen, Backen: 1 ½ Stunden

Zutaten

Geriebener Teig

250 g Weizenmehl, Type 405
150 g Butter, kalt und in kleine Würfel geschnitten
50 g Puderzucker, gesiebt
1 Päckchen Vanillezucker (8 g)
1 Prise Salz
1 Ei
1 Messerspitze Schalenabrieb einer unbehandelten Zitrone

Obstbelag

700 g Aprikosen aus der Dose – das sind 1 große Dose Aprikosen (Füllmenge 820 g, Abtropfgewicht 480 g) und 1 kleine Dose Aprikosen (Füllmenge 410 g, Abtropfgewicht 240 g)
100 g Marzipanrohmasse
2 EL (bis 3 EL) Orangensaft oder Flüssigkeit der Früchte aus der Dose

Guss

2 Eier
40 g Zucker
90 g Topfen (Quark), 40 %
17 g Vanillepuddingpulver zum Kochen
30 ml Milch

1 Prise Salz
1 Päckchen Vanillezucker (8 g)
1 Messerspitze Schalenabrieb einer unbehandelten Zitrone
40 g Sahne

Streusel

100 g Weizenmehl, Type 405
75 g Butter, kalt und in kleine Würfel geschnitten
40 g Zucker
40 g Mandeln, gemahlen
1 Prise Salz
½ Päckchen Vanillezucker (4 g)

Außerdem

Mehl zum Arbeiten
Butter für die Form

Zubereitung

☛ Für den geriebenen Teig das Mehl auf die Arbeitsplatte sieben, eine Mulde bilden und die Butterwürfel hineingeben. Mehl und Butter von Hand miteinander zerreiben, bis sich eine feinkrümelige Masse bildet.

- Einen Kranz formen, die übrigen Zutaten in die Mitte geben und von der Mitte aus rasch zu einem Teig verarbeiten.
- Tipp: Möglichst nicht kneten, sondern die Zutaten durch Reiben miteinander verbinden, da der Teig sonst zäh wird.
- Den Teig zu einer Kugel formen und in Frischhaltefolie oder einen Gefrierbeutel verpackt für 30 Minuten im Kühlschrank ruhen lassen.
- Die Aprikosen in ein Sieb schütten und gut abtropfen lassen, einige Esslöffel der Flüssigkeit auffangen.
- Die Marzipanrohmasse mit dem Orangensaft bzw. der Flüssigkeit aus der Dose glatt rühren. Beiseitestellen.
- Den Backofen auf 190° C vorheizen. Den Rost auf der untersten Schiene einschieben. Die Tarteform fetten.
- Die Eier für den Guss mit dem Zucker aufschlagen, die übrigen Zutaten – bis auf die Sahne – unterrühren.
- Die Sahne in einem schmalen Gefäß steifschlagen und unter den Guss heben.
- Den geriebenen Teig auf einer leicht bemehlten Arbeitsfläche ausrollen und die Tarteform damit auskleiden. Mit einer Gabel stippen.
- Die glatt gerührte Marzipanrohmasse auf dem Boden verstreichen.
- Die Aprikosenhälften mit der Wölbung nach oben auf dem Boden anordnen.
- Den Guss darübergießen.
- Den Kuchen zunächst 30 Minuten backen.
- In der Zwischenzeit die Streusel herstellen. Dafür das Mehl sieben und mit der Butter krümelig reiben. Die restlichen Zutaten zugeben und die Masse rasch zu Streuseln verarbeiten.
- Nach den 30 Minuten Backzeit die Streusel auf dem Kuchen verteilen und nochmals 20 bis 30 Minuten backen.
- Den Kuchen nach dem Backen noch 10 Minuten in der Form stehen lassen, dann herausnehmen und auf einem Kuchengitter vollständig abkühlen lassen.

Markdorfer Nusstorte

Die Markdorfer Nusstorte hat eine auffallende Ähnlichkeit mit der *Engadiner Nusstorte*, auch *Bündner Nusstorte* genannt, die wohl bekannteste süße Spezialität des Kantons Graubünden. *Bündner Nusstorten* werden ganzjährig hergestellt, und jeder Bäcker hat sein eigenes streng geheim gehaltenes Rezept. Die runde flache Torte aus Mürbeteig mit der typischen Füllung aus karamellisierten grob gehackten Baumnüssen – die Walnuss heißt in der Schweiz Baumnuss – zeichnet sich auch durch ihre lange Haltbarkeit aus.

Menge für eine Springform mit Ø 24 cm
Schwierigkeitsgrad: einfach – etwas aufwändig – anspruchsvoll
Zeitaufwand ohne Wartezeiten, Kochen, Backen: 1 Stunde

Zutaten

Mürbeteig

300 g Dinkelmehl, Type 630, gesiebt
125 g Zucker
1 Prise Salz
175 g Butter, kalt und in kleine Würfel geschnitten
1 Ei

Walnussfüllung

300 g Walnusskerne
200 g Zucker
200 g Sahne
3 EL Honig (60 g)

Außerdem

- 1 Eigelb
- 1 EL Milch
- 1 Prise Zucker
- 1 winzige Prise Salz
- 1 Eiweiß
- Mehl zum Arbeiten
- Butter für die Form

Zubereitung

- Die Zutaten für den Mürbeteig rasch mit möglichst kühlen Händen zusammenkneten, den Teig zu einer Kugel formen und in Frischhaltefolie oder einen Gefrierbeutel verpackt 60 Minuten im Kühlschrank ruhen lassen.
- Für die Walnussfüllung die Nüsse grob hacken.
- Eine weite Pfanne oder einen Topf erhitzen, dann erst die Hälfte des Zuckers hineingeben und schmelzen lassen. Jetzt den restlichen Zucker dazugeben und unter Rühren goldgelb karamellisieren.
- Die Pfanne bzw. den Topf von der Platte ziehen und den Karamell mit der Sahne ablöschen. Wieder auf die Platte stellen und bei mittlerer Hitze den Karamell in der Sahne auflösen. Unter Rühren die Masse sämig einkochen. Das dauert 12 bis 15 Minuten.
- Den Honig und die gehackten Walnüsse unterrühren, vom Herd nehmen und abkühlen lassen.
- Den Backofen auf 175° C vorheizen. Den Rost auf der zweiten Schiene von unten einschieben. Die Backform fetten.
- 2/3 des Mürbeteigs auf der leicht bemehlten Arbeitsfläche ausrollen und die Springform damit auskleiden, dabei einen circa 4 cm hohen Rand formen. Den Boden mit einer Gabel stippen.
- Den überschüssigen Teig mit dem verbliebenen Drittel des Teigs zusammenkneten.

- Die Walnussmasse gleichmäßig in der Form verteilen. Den über die Füllung hinausstehenden Teigrand über die Füllung nach innen klappen. Den Teigrand mit Eiweiß einpinseln.
- Aus dem verbliebenen Mürbeteig eine Deckplatte im Durchmesser der Backform ausrollen und einige Plätzchen zur Dekoration ausstechen.
- Die Teigplatte in die Form legen und am Rand andrücken. Die Deckplatte mit einer Gabel stippen.
- Eigelb, Milch, Zucker und Salz glatt rühren und die Teigplatte gleichmäßig einpinseln. Die Mürbeteigmotive auflegen und ebenfalls mit Eistreiche überziehen.
- Den Kuchen 40 bis 45 Minuten backen.
- Den Kuchen nach dem Backen noch 15 Minuten in der Form stehen lassen, dann herausnehmen und auf einem Kuchengitter vollständig abkühlen lassen.

Melonen-Mousse-Torte

mit Fruchtsaft-Spiegel

CAFÉ ZUM PUPPENHAUS, IMMENSTAAD-KIPPENHAUSEN

Menge für eine Torte mit 20 cm Ø

Schwierigkeitsgrad: einfach – etwas aufwändig – anspruchsvoll

Zeitaufwand ohne Wartezeiten, Kochen, Backen: eine knappe Stunde

Zutaten

Mürbeteigboden

125 g	Weizenmehl, Type 405, gesiebt
25 g	Zucker
2	Päckchen Vanillezucker (16 g)
½ TL	Salz
100 g	Butter, kalt und in kleine Würfel zerteilt

Fruchtbelag

8	Blatt Gelatine, weiß
1	Cantaloupe-Melone
150 g	Frischkäse, Doppelrahmstufe
150 g	Joghurt, 3,5 %
30 g	(bis 50 g) Zucker (je nach Süße der Melone)
1	Päckchen klarer Tortenguss und 2 gestrichene EL Zucker (25 g)
250 ml	Apfel- oder Aprikosensaft

Außerdem

Mehl zum Arbeiten

Backpapier

Zubereitung

- Für den Mürbeteig alle Zutaten rasch zusammenkneten. Den Teig zu einer Kugel formen und diese in Frischhaltefolie oder einen Gefrierbeutel verpackt circa 30 Minuten kühlen.
- Den Ofen auf 180° C vorheizen.
- Den Teig auf einem mit Backpapier belegten Backblech zu einer Scheibe mit 20 cm Durchmesser ausrollen, mehrmals mit einer Gabel einstechen und den Boden im Ofen 15 bis 18 Minuten goldbraun backen.
- Herausnehmen und auf einem Kuchengitter abkühlen lassen.
- In der Zwischenzeit den Fruchtbelag vorbereiten. Dazu zunächst die Gelatine in kaltem Wasser einweichen.
- Die Melone halbieren, die Kerne herausnehmen und das Fruchtfleisch von der Schale schneiden.
- Zwei Drittel des Fruchtfleisches pürieren und den Frischkäse, den Joghurt und den Zucker unterrühren.
- Die Gelatineblätter ausdrücken und in einem Töpfchen bei schwacher Hitze flüssig werden lassen. Einige EL der Fruchtmasse einrühren, dann die angerührte Gelatine zügig unter die Creme rühren. Kalt stellen.
- Den Mürbeteigboden auf eine Tortenplatte legen. Den Tortenring so weit aufziehen, dass er einen ½ cm Abstand zum Boden hat.
- Sobald die Creme zu gelieren beginnt, diese auf den Boden gießen.
- Die Torte 3 Stunden kühl stellen.
- Das Tortengusspulver mit dem Fruchtsaft und dem Zucker nach Packungsanweisung zubereiten, leicht abkühlen lassen und auf der Torte verteilen. Nochmals kurz kühl stellen.
- Vor dem Servieren das übrige Melonenfruchtfleisch in dünne Scheibchen schneiden und die Torte damit garnieren.

Tipp: Nach Wunsch zusätzlich mit Heidelbeeren und frischer Minze dekorieren.

Mirabellentarte

Menge für eine konische Springform Ø 26/30 cm

Schwierigkeitsgrad: einfach – etwas aufwändig – anspruchsvoll

Zeitaufwand ohne Wartezeiten, Kochen, Backen: knapp 1 Stunde

Zutaten

Mürbeteig

210 g	Weizenmehl, Type 405, gesiebt
50 g	Zucker
1	Prise Salz
	eine Messerspitze Schalenabrieb einer unbehandelten Zitrone
140 g	Butter, gekühlt und in kleine Würfel geschnitten
1	Ei

Belag

1 kg	reife Mirabellen
4–5	Löffelbiskuits (35 g)

Guss

2 EL	Bitterorangenmarmelade (75 g)
½	Schnapsglas Mirabellengeist (10 g)

Außerdem

Mehl zum Arbeiten

Butter für die Form

Zubereitung

- Die Zutaten für den Mürbeteig rasch mit möglichst kalten Händen zusammenkneten und den Teig in einen Gefrierbeutel oder in Frischhaltefolie verpackt 30 Minuten kühl stellen. Die Form fetten.
- In der Zwischenzeit die Mirabellen waschen und entsteinen.
- Den Mürbeteig auf der mit Mehl bestäubten Arbeitsfläche dünn ausrollen und die gebutterte Springform damit auskleiden, dabei einen 2 cm hohen Rand hochziehen. Den Boden mit einer Gabel stippen.
- Den Backofen auf 200° C vorheizen, den Rost auf der untersten Schiene einschieben.
- Die Löffelbiskuits im Mixer oder in einem Gefrierbeutel mit dem Wellholz fein zermahlen und auf den Teigboden streuen. Die vorbereiteten Mirabellen, am Rand beginnend, dicht an dicht in die Form setzen.
- Den Kuchen in den Ofen schieben und zunächst 30 Minuten backen, dann die Temperatur auf 180° C herunterschalten und den Kuchen in weiteren 15 bis 20 Minuten fertigbacken.
- Die Bitterorangenmarmelade in einem Töpfchen bei mittlerer Hitze flüssig werden lassen, durch ein Sieb streichen und zurück in den Topf geben. Kurz aufkochen lassen und mit dem Mirabellengeist ablöschen. Den Guss mit einem Esslöffel sofort gleichmäßig über den heißen Kuchen träufeln.
- Die Tarte noch 20 Minuten in der Form stehen lassen, dann herausnehmen und auf einem Kuchengitter vollständig abkühlen lassen.
- Schmeckt ganz frisch am besten. Mit viel Schlagsahne servieren.

Tipp: Falls Kinder mitessen, den Mirabellengeist einfach weglassen.

Nuage de prunes

CHOCAULAC, ÜBERLINGEN

Menge für eine Springform mit Ø 20 cm

Schwierigkeitsgrad: einfach – etwas aufwändig – **anspruchsvoll**

Zeitaufwand ohne Wartezeiten, Kochen, Backen: 2 Stunden

Zutaten

Streuselteig für den Boden

50 g Rohrzucker, fein
50 g Mandeln, sehr fein gemahlen
2 g Salz
40 g Weizenmehl, Type 405
1 Prise süßer Paprika
50 g Butter, zimmerwarm

Mandelbiskuit mit Pflaumen

80 g entsteinte Pflaumen
120 g Eier, ohne Schale gewogen, das entspricht in etwa 2 Eiern und 1 Eigelb der Größe M
120 g Marzipanrohmasse mit 50 Prozent Mandeln, fein gehackt
30 g Haselnussöl
25 g Weizenmehl, Type 405
1 g Backpulver

Zitronenmousse

6 g Blattgelatine (= 3 Blatt Gelatine)
145 g Milch, 3,5 %
270 g weiße Kuvertüre (z. B. *Valrhona Ivoire)*
Zesten von einer halben Biozitrone

18 g frischer Zitronensaft
290 g Sahne, mindestens 32 % Fettgehalt, leicht aufgeschlagen

Dekoration

100 g Sahne, 32 % Fettgehalt
1 Pflaume

Außerdem

1 Bogen Backpapier für den Boden der Springform
1 Tortenring
1 Streifen Backpapier für den Rand der Springform
1 Spritzbeutel mit glatter Lochtülle

Zubereitung

- Für den Streuselteigboden die pulverförmigen Zutaten zusammensieben.
- Die zimmerwarme Butter hinzufügen und die Zutaten mit den Knethaken zusammenarbeiten.
- Den Teig in Frischhaltefolie oder einen Gefrierbeutel verpackt für gut 1 Stunde kalt stellen.

- Den Backofen auf 170° C vorheizen. Den Rost auf der zweiten Schiene von unten einschieben. Den Boden der Springform mit dem Bogen Backpapier belegen und in den Ring einspannen.
- Den Streuselteig durch ein Sieb drücken, um feine Streusel zu erhalten.
- Die Teigteilchen gleichmäßig in der vorbereiteten Springform verteilen und 15 Minuten backen. Die Streusel sollten hell bleiben.
- Nach dem Backen die Form aus dem Ofen nehmen und zum Abkühlen beiseitestellen.
- Den Backofen auf 190° C hochstellen.
- Für den Mandelbiskuit zunächst die Pflaumen in kleine Würfelchen schneiden.
- Dann die Eier zusammen mit der kleingehackten Marzipanrohmasse mit den Quirlen des Handmixers aufschlagen und im Wasserbad auf 40/45° C erhitzen. Dazu benutzt man am besten ein digitales Thermometer.
- Die Ei-Marzipan-Mischung in diesem Temperaturfenster von 40 bis 45° C weiterschlagen, bis die Masse zum *ruban** aufgeschlagen ist. Dann nimmt man eine kleine Menge weg und vermischt diese mit dem Haselnussöl.
- Die Eier-Marzipan-Haselnussöl-Mischung in die verbliebene Schaummasse zurückgeben und mit einem Teigspatel unterheben.
- Zum Schluss das Mehl zusammen mit dem Backpulver über die Masse sieben und ebenfalls vorsichtig unterheben.
- Den Biskuitteig in die Backform mit den vorgebackenen Streuseln geben, glatt streichen und gleichmäßig mit den Pflaumenstückchen belegen.
- Den Biskuit 15 bis 18 Minuten backen.
- Den Kuchenboden nach dem Backen noch 10 Minuten in der Form stehen lassen, dann herausnehmen und auf einem Kuchengitter vollständig abkühlen lassen.
- Für die Zitronenmousse die Gelatine in einer ausreichenden Menge kalten Wassers einweichen.
- Die Zitronenzesten mit dem Zitronensaft in einem Töpfchen heiß werden lassen, vom Herd nehmen und etwas abkühlen lassen.

- Die Milch zum Kochen bringen, vom Feuer nehmen und die gut ausgedrückte Gelatine darin auflösen.
- Circa die Hälfte der heißen Flüssigkeit auf die Kuvertüre gießen und mit Hilfe eines Schneebesens vermischen, um eine glatte, elastische und glänzende Mischung zu erhalten.
- Den Rest der Milch zur geschmolzenen Kuvertüre geben und dann die Zitronenzesten und den Zitronensaft unterrühren.
- Sobald die Kuvertüremischung 35/40° C erreicht hat, die leicht aufgeschlagene, das heißt nicht zu steif geschlagene Sahne unterheben.

Fertigstellung und Dekoration

- Den Kuchenboden auf eine Kuchenplatte legen und den Tortenring mit circa ½ bis 1 cm Abstand zum Boden aufstellen. Den zurechtgeschnittenen Streifen Backpapier in den Tortenring stellen.
- Die Mousse einfüllen.
- Die Torte mindestens 4 Stunden kühlstellen.
- Den Tortenring entfernen und den Backpapierstreifen vorsichtig vom Kuchenrand abziehen.
- Mit einem langen glatten Messer 8 Tortenstücke markieren.
- Für die Deko die Sahne steifschlagen und auf jedes Tortenstück einen großen Tuff aufspritzen.
- Die Pflaume in 8 Schnitze teilen und diese auf die Tuffs setzen.

---

* Einen *ruban* herzustellen bedeutet, ganze Eier mit Zucker – oder auch Marzipanrohmasse wie hier – aufzuschlagen, und zwar so lange, bis man eine Mousse erhält. Das kann bis zu 10 Minuten dauern. Der *ruban* ist gelungen, wenn man den Schneebesen aus der Masse hebt und das, was auf die Oberfläche der Mousse zurückfällt, als Relief sichtbar bleibt. Damit der *ruban* gut gelingt, ist es ratsam, die Eier frühzeitig aus dem Kühlschrank zu nehmen, damit sie bei der Verarbeitung Zimmertemperatur haben.

Tipp: Die Früchte und die Gewürze können je nach Saison variiert werden.

Nusszopf

Schwierigkeitsgrad: einfach – etwas aufwändig – anspruchsvoll
Zeitaufwand ohne Wartezeiten, Kochen, Backen: eine gute ¾ Stunde

Zutaten

Hefeteig

250 g	Weizenmehl, Type 405, gesiebt
250 g	Dinkelmehl, Type 630, gesiebt
20 g	Frischhefe (circa ½ Hefewürfel)
250 ml	Milch, lauwarm
50 g	Butter, zimmerwarm
1	Ei
1	große Prise Salz
80 g	Zucker
	etwas Schalenabrieb einer unbehandelten Zitrone

Nussfüllung

300 g	Haselnüsse, gemahlen
130 g	Zucker
150 g	Sahne
	Mark einer halben Vanilleschote
2 EL	Rum (20 g)

Eistreiche

1	Eigelb
1 EL	Milch
1	Prise Zucker
1	winzige Prise Salz

Außerdem

Mehl zum Arbeiten

Backpapier für das Backblech

Zubereitung

- Bei Hefeteigen ist es ganz wichtig, dass alle Zutaten leicht erwärmt sind, zumindest Zimmertemperatur haben. Also: Alle Zutaten 1 bis 2 Stunden vor Arbeitsbeginn am Arbeitsplatz richten. Außerdem empfiehlt sich zum Kneten des Teigs ein Holzbrett, da der Teig auf diesem beim Arbeiten seine Wärme behält.
- Das Mehl in eine Rührschüssel geben.

- Die zerbröckelte Hefe in einem Teil der lauwarmen Milch auflösen bzw. glatt rühren.
- Die Butter und das Ei in der übrigen Milch verrühren.
- Alle Zutaten zum Mehl geben. Den Teig jetzt entweder mit der Maschine oder von Hand so lange kneten, bis er glatt und elastisch ist. Sollte der Teig noch kleben, auf keinen Fall mehr Mehl zugeben, sondern weiterkneten, bis sich der Teigkloß von den Wänden der Rührschüssel bzw. der Arbeitsfläche löst und schön elastisch ist.
- Den Teig mit einem Tuch abdecken und 30 Minuten an einem warmen Ort gehen lassen.
- In der Zwischenzeit die Füllung zubereiten. Dafür alle Zutaten zu einer streichfähigen Masse verrühren.
- Den gegangenen Hefeteig nochmals von Hand durchkneten, dann zu einer circa 40 x 35 cm großen Platte ausrollen und die Nussmasse gleichmäßig bis an die Ränder auf die Teigplatte streichen.
- Die Platte aufrollen und die Rolle der Länge nach in der Mitte ganz durchschneiden. Die Schnittflächen nach oben legen und die beiden Stränge so miteinander verflechten, dass die Schnittflächen mit der sichtbaren Nussfüllung immer oben sind.
- Den Zopf auf das mit Backpapier ausgelegte Backblech legen. Das Eigelb mit der Milch, dem Zucker und der Prise Salz gut verquirlen und den Zopf damit bestreichen.
- Den Zopf mit einem Tuch abdecken und nochmals 15 Minuten in der warmen Küche gehen lassen.
- Inzwischen den Backofen auf 180° C vorheizen.
- Den Zopf auf der mittleren Schiene 40 bis 45 Minuten backen. Sollte der Zopf zu dunkel werden, rechtzeitig mit einem Stück Alufolie abdecken.

Quittentarte

Menge für eine Tarteform Ø 28 cm

Schwierigkeitsgrad: einfach – etwas aufwändig – anspruchsvoll

Zeitaufwand ohne Wartezeiten, Kochen, Backen: 1,5 Stunden

Zutaten

Mürbeteig

200 g	Weizenmehl, Type 405, gesiebt
100 g	Butter, kalt und in kleine Würfel geschnitten
60 g	Puderzucker, gesiebt
1	Prise Salz
1	Ei

Sud für die Quitten und die Glasur

750 ml	Weißwein, trocken
3	Gewürznelken
1	Sternanis
2	Zimtstangen
80 g	Zucker
1	kleine unbehandelte Zitrone
150 g	Johannisbeergelee

Belag:

6–7	mittelgroße Quitten (1000 g–1250 g)

Bröselmasse

100 g	Butterkekse
100 g	Marzipanrohmasse
50 g	Butter, kalt

Außerdem

Mehl zum Arbeiten
Butter für die Form

Zubereitung

- Für den Mürbeteig alle Zutaten rasch mit möglichst kalten Händen zusammenkneten. Die Teigkugel in Frischhaltefolie oder einen Gefrierbeutel verpackt 2 Stunden kühl stellen.
- In der Zwischenzeit den Quittensud herstellen. Dafür den Wein mit den Gewürzen und dem Zucker in einen Topf geben. Die Zitrone heiß abspülen, in Scheiben schneiden und ebenfalls dazugeben. Den Sud einmal aufkochen, dann vom Herd nehmen.

- Eventuell vorhandenen Flaum mit einem groben Tuch oder einer weichen Bürste von den Quitten abreiben, die Früchte halbieren, schälen und das Kerngehäuse großzügig entfernen. Die Quittenhälften bei milder Hitze 30 bis 40 Minuten im Sud gar ziehen lassen. Sollten die Früchte nicht ganz vom Sud bedeckt sein, von Zeit zu Zeit ihre Lage im Topf ändern.
- Die Quitten aus dem Sud nehmen und abkühlen lassen, dann in schmale Spalten schneiden.
- Den Sud durch ein Sieb gießen, 200 ml davon abmessen, zurück in den Topf geben und auf 100 ml einkochen lassen.
- In den eingekochten heißen Sud das Johannisbeergelee einrühren. Beiseitestellen.
- Die Butterkekse fein zerbröseln, die Marzipanrohmasse in Stücken dazugeben und gut miteinander verkneten. Zum Schluss die Butter einarbeiten und die Masse zu Bröseln reiben.
- Den Backofen auf 175° C vorheizen, den Rost auf der untersten Schiene einschieben.
- Die Tarteform buttern, den Mürbeteig so dünn wie möglich ausrollen und die Form damit auslegen. Dabei einen 1 cm hohen Rand formen.
- Den Teig mit einer Gabel stippen und die Butterkeks-Marzipan-Brösel gleichmäßig darauf verteilen.
- Die Quittenspalten rosettenförmig dicht an dicht auf den Boden legen und mit $^{1}/_{3}$ der Glasur bestreichen.
- Die Tarte 35 bis 40 Minuten backen.
- Den Kuchen aus dem Ofen holen und sofort mit der Hälfte der restlichen Glasur bestreichen, abkühlen lassen und schließlich ein letztes Mal glasieren.

Tipp: Frisch geschlagene Sahne rundet den Geschmack dieser Tarte vorzüglich ab.

Rüblitorte

CAFÉ VOGLER, LINDAU

Das Rüblitorten-Rezept des Café Vogler aus Lindau ist einer der Klassiker des Cafés. Dieser Kuchen ist glutenfrei, also ohne Getreide gebacken.

Menge für eine Springform mit 26 cm Ø
Schwierigkeitsgrad: einfach – etwas aufwändig – anspruchsvoll
Zeitaufwand ohne Wartezeiten, Kochen, Backen: eine gute Stunde

Zutaten

6	Eier
250 g	brauner Zucker
250 g	Karotten, geraspelt
2 cl	Kirschwasser (20 g)
250 g	Haselnusskerne, gerieben
50 g	Maismehl*
20 g	gepopptes Amaranth*
50 g	Butter, flüssig, aber nicht warm

Dekoration

200 g	Marzipanrohmasse
	orangene Lebensmittelfarbe
250 g	Puderzucker
40 ml	Wasser
50 g	Haselnusskerne, gehackt
12	kleine Marzipanrüblis*

Außerdem

Butter für die Backform

Zubereitung

- Den Backofen auf 190° C vorheizen. Den Rost auf der zweiten Schiene von unten einschieben. Die Springform fetten.
- Die Eier trennen und die Eigelb mit 85 g des Zuckers schaumig aufschlagen. Die Eiweiß mit den verbliebenen 165 g Zucker zu Schnee schlagen.

- Den Eischnee unter die Eigelbmasse ziehen.
- Die geraspelten Karotten, das Kirschwasser und die geriebenen Haselnüsse mit der Masse verrühren.
- Maismehl und Amaranth mischen und ebenfalls unterrühren. Zum Schluss die Butter dazugeben.
- Den Teig in die vorbereitete Springform füllen und glatt streichen.
- Die Rüblitorte circa 40 Minuten backen.
- Den Kuchen nach dem Backen noch 10 Minuten in der Form stehen lassen, dann herausnehmen und auf einem Kuchengitter vollständig abkühlen lassen.
- Für die Dekoration die Marzipanrohmasse mit der Lebensmittelfarbe verkneten und ausrollen. Mit dem geschlossenen Springformrand einen Kreis mit 26 cm Durchmesser ausstechen und auf die Torte legen.
- Den Puderzucker mit dem Wasser glatt rühren.
- Achtung: Nicht gleich die ganze Wassermenge, sondern immer nur ein wenig beigeben, bis der Guss die richtige Konsistenz hat. Der Guss wird schnell zu flüssig!
- Den ganzen Kuchen mit Zuckerguss überziehen. Den Rand mit den gehackten Haselnüssen bedecken.
- Die Kuchenoberfläche mit einem Stückemarkierer oder einem langen Messer in 12 gleich große Segmente einteilen und auf jedes Kuchenstück 1 Rübli auflegen.

---

* Maismehl und gepopptes Amaranth (Amaranth ist eine hirseähnliche Kulturpflanze, die äußerst nährstoff- und vitalstoffreich und zudem glutenfrei ist) erhalten Sie im gut sortierten Supermarkt oder im Reformhaus. Ebenso die Marzipanrüblis.

Schwarzwälder Kirschtorte

Dass die Schwarzwälder Kirschtorte, dieser Tortenklassiker, dessen Rezeptur jetzt sogar EU-weit geschützt werden soll, auf der ganzen Welt seine Liebhaber hat, ist unbestritten. Wer sie erfunden hat, ist allerdings bis heute nicht eindeutig geklärt. Eines ist jedoch sicher: Sie stammt nicht aus dem Schwarzwald, auch wenn das Schwarzwälder Kirschwasser ihr den Namen gab.

Als einer der möglichen Väter dieser Spezialität wird ein Konditor namens Erwin Hildenbrand genannt, der sich die Torte im »Café Walz« in Tübingen ausgedacht und 1932 auf dem Landeskonditorentag vorgestellt haben soll. Wahrscheinlicher ist jedoch, dass sie von Josef Keller erfunden wurde, der 1919 in Radolfzell das »Café Keller« eröffnete. Auf alle Fälle ist das Keller'sche Rezept das bislang älteste, das schriftlich fixiert ist.

Josef Keller, 1887 in Riedlingen geboren, begann nach Abschluss der Volksschule eine Konditorenlehre. Er legte 1904 die Gesellenprüfung ab und ging auf Wanderschaft. 1915 heiratete er in Überlingen am Bodensee. Im selben Jahr wurde Keller als Württemberger mit badischem Wohnort in einem preußischen Infanteriebataillon zum Militärdienst in die Nähe von Koblenz verpflichtet. Über seinen Militärdienst kam er so in den Raum Bonn. Keller gelang es, sich trotz Krieg und Kasernenleben weiter auf seine Meisterprüfung vorzubereiten. *»Seine neue Wirkungsstätte wurde das Café Agner in Bad Godesberg. Das beste Haus am Platze genoss auch im nahen Bonn einen sehr guten Ruf. Von dort kamen häufig Professoren und Studenten nach Godesberg. Ihre Lieblingsbestellung im Prominentencafé Agner waren Kirschen auf Sahne. Josef Keller hatte nun die Idee, unter Kirschen mit Sahne einen Boden zu legen, einen Schuss Kirschwasser hinzuzugeben und sein Werk mit Schokoladenraspeln* *zu verzieren. (...) Der Grundstock für die Schwarzwälder Kirschtorte war gelegt.«* (Informationen aus dem Stadtmuseum Radolfzell). Nach Kriegsende legte Keller seine Meisterprüfung vor der Handwerkskammer in Konstanz ab und übernahm im Jahr darauf in Radolfzell am Bodensee ein *»Caféstübchen mit vier Tischen«*, das er zusammen mit seiner Frau Sophia zu einem renommierten Cafébetrieb, dem »Café Keller« in der Tegginger Straße, ausbaute. Hier verfeinerte er seine in Bad Godesberg erfundene Kreation. Der »süße Josef«, wie er wohl seit früher Jugend genannt wurde, starb 1981, und das »Café Keller« in Radolfzell existiert heute nicht mehr. Aber die Enkeltochter von Josef Keller, Heidi Keller, hat sein Rezeptbuch aufbewahrt und ist fest davon überzeugt, dass der Geburtsort der berühmten Torte das ehemalige »Café Keller« in der Tegginger Straße in Radolfzell ist.

Menge für eine Springform Ø 26 cm

Schwierigkeitsgrad: einfach – etwas aufwändig – **anspruchsvoll**

Zeitaufwand ohne Wartezeiten, Kochen, Backen: 2 Stunden

Zutaten

Wiener Boden

7	Eier
200 g	feiner Zucker
150 g	Weizenmehl, Type 405
50 g	Speisestärke
30 g	Kakaopulver
50 g	Butter

Füllung

1	Glas Sauerkirschen mit Saft (350 g Abtropfgewicht)
250 ml	des Kirschsaftes aus dem Glas
30 g	Speisestärke
80 ml	Rotwein
30 g	Zucker
50 ml	Kirschwasser, 40 %
1000 g	Schlagsahne
70 g	Zucker
6	Blatt weiße Gelatine
80 ml	Kirschwasser, 40 %

Tränke

60 ml	Kirschwasser, 40 %
	für 40 ml Läuterzucker 25 ml Wasser
25 g	Zucker

Fertigstellung und Dekoration

500 g	Schlagsahne
1	Tafel Zartbitterschokolade (100 g)
	nach Belieben fertig gekaufte Schokoelemente

Außerdem

	Backpapier für den Boden der Springform zum Backen des Wiener Bodens
1	Bogen Alufolie zum Verpacken des Wiener Bodens
1	verstellbarer Tortenring
1	Spritzbeutel mit großer Rosetten- oder Sterntülle

Zubereitung

- Den Wiener Boden am Vortag zubereiten; er lässt sich dann zum Füllen der Torte besser schneiden.
- Für den Wiener Boden die Eier zusammen mit dem Zucker in einen Topf mit nicht zu kleinem Durchmesser geben und bei mittlerer Hitze unter ständigem Rühren erwärmen. Dabei verflüssigt sich die Mischung etwas. Sie sollte jedoch nur handwarm werden, da die Eier bei größerer Hitze stocken.
- Die Masse in die Schüssel einer Küchenmaschine umfüllen und so lange mit dem Schneebesen schlagen, bis sie wieder kühl ist und einen guten Stand hat – das dauert 8 bis 10 Minuten. Das Ganze geht natürlich auch mit einem Handmixer.
- In der Zwischenzeit die Butter auf kleiner Hitze schmelzen, aber nicht heiß werden lassen.
- Den Ofen auf 170° C vorheizen. Den Rost auf der zweiten Schiene von unten einschieben.
- Den Bogen Backpapier auf den Springformboden legen und den Boden mitsamt dem Papier in den Springformrand einspannen. Die Ränder der Form nicht fetten!
- Das Mehl mit der Speisestärke und dem Kakao mischen, alles auf die aufgeschlagene Ei-Zucker-Mischung sieben und vorsichtig, aber zügig mit einem Spatel unterheben – dabei so wenig Luft wie nur irgend möglich herausrühren. Gegen Ende die flüssige Butter unterziehen.
- Die Masse in die Springform füllen, glatt streichen und 35 bis 40 Minuten backen.
- Den Boden 10 Minuten ruhen lassen, dann zum Auskühlen aus der Form nehmen.
- Den vollständig abgekühlten Wiener Boden über Nacht gut verpackt in Alufolie ruhen lassen.
- Am nächsten Tag für die Füllung die Sauerkirschen abtropfen lassen, den Saft auffangen und 250 ml davon abmessen. 4 EL davon abnehmen und die Speisestärke damit glattrühren. Den restlichen Saft mit dem Rotwein und dem Zucker aufkochen. Die angerührte Speisestärke

dazugeben, aufkochen lassen und 1 Minute unter Rühren kochen lassen, damit die Masse eindickt.

- 16 bzw. 8 (falls Sie zur Dekoration neben den Kirschen Schokoelemente nehmen wollen) Kirschen für die Dekoration beiseitelegen, die restlichen Kirschen und das Kirschwasser vorsichtig in die eingedickte Kirschsaft-Rotwein-Masse einrühren. Völlig abkühlen lassen.
- Für die Tränke des Bodens zunächst den Läuterzucker herstellen. Dafür 25 ml Wasser mit 25 g Zucker aufkochen und 1 Minute kochen lassen; kurz abkühlen lassen und mit dem Kirschwasser mischen. Beiseitestellen.
- Für die Füllung die Gelatineblätter in einen Teller mit kaltem Wasser legen.
- Die Sahne steif schlagen.

Tipp: Wenn Sie die ganze Menge auf einmal verarbeiten wollen, empfiehlt sich die Verwendung einer Küchenmaschine mit großer Rührschüssel. Wenn Sie den Handmixer nehmen, ist es meiner Erfahrung nach besser, die Menge in mindestens zwei Portionen zu teilen, da die Sahne lockerer wird, wenn man sie in kleineren Mengen aufschlägt.

Gegen Ende fügen Sie den Zucker zu und rühren die Sahne bis zum gewünschten Steifegrad fertig.

Gelatine gut ausdrücken und in einem Töpfchen bei mittlerer Hitze erwärmen, bis sie flüssig ist. Das Kirschwasser zufügen. Einige Esslöffel der steifgeschlagenen Sahne unterrühren und diese Masse dann mit einem Schneebesen oder einem Teigspatel gleichmäßig unter die Sahne ziehen.

Zusammensetzen der Torte

- Den Wiener Boden zweimal waagerecht durchschneiden und den unteren Boden auf eine Tortenplatte legen.
- Einen verstellbaren Tortenring um den Boden legen, den Ring stramm anziehen.
- Die Hälfte der Tränke mit Hilfe eines Pinsels auf dem Boden verteilen.

- Nun die Kirschmasse auf den Boden geben, dabei nicht zu weit zum Rand hin verstreichen und auch die Mitte aussparen – so lässt sich die Torte später besser schneiden.
- Mit einem Teil der Sahne die Kirschen bedecken und die Schicht glatt streichen.
- Den zweiten Boden auflegen, leicht andrücken und mit dem Rest der Tränke befeuchten.
- Eine weitere Schicht Schlagsahne darauf verstreichen und den Deckel des Wiener Bodens mit der Oberseite nach unten auflegen, so dass die Tortenoberfläche ganz eben ist.
- Etwas Sahne auf der Oberseite verstreichen, dann die Torte für mindestens 2 Stunden kühl stellen.

Fertigstellung und Dekoration

- Für die Dekoration mit einem Messer von der Schokoladentafel Schokospäne abschaben. Diese bis zur Verwendung kühl stellen.
- Die Torte aus dem Kühlschrank nehmen, mit einem Messer am Innenrand des Tortenringes entlangfahren, den Ring öffnen und nach oben abziehen.
- Die Sahne steif schlagen. Sahne für 16 üppige Tuffs in einen Spritzbeutel mit Tülle füllen. Den Spritzbeutel ins Kalte legen.
- Mit der restlichen Sahne die ganze Torte überziehen, insbesondere die Ränder. Nehmen Sie dazu ein langes Messer mit glatter Klinge oder eine Tortenpalette.
- Nach Belieben können Sie mit einer Teigkarte mit Zackenkante den Tortenrand verzieren.
- Auf der Tortenoberfläche 16 gleich große Stücke markieren und mit der zurückbehaltenen Sahne 16 Rosetten aufspritzen. Die Kirschen – oder wechselweise eine Kirsche und ein Schokoladenelement – daraufsetzen. In die Mitte die Schokospäne streuen.

Sig-Mousse-Torte

Der Sig, Gsig oder Sieg, wie er je nach Ort genannt wird, ist ein Nebenprodukt der Molkenkäseherstellung. In Vorarlberg ist der Name *Sig* gebräuchlich, im Bregenzer Wald *Wälder Schokolade* und in der Schweiz *Älplerschokolade*. Darunter versteht man eingekochte Molke, deren Herstellung von *Franz Michael Willam*, einem österreichischen Priester, Theologen und Schriftsteller (1894–1981) in seinem Aufsatz *»Die Alpkost«* folgendermaßen beschrieben wird: *»Man lässt einen Kessel voll Schotte* (Molke) *über dem Feuer sieden. Um das Überkochen zu verhindern, legt man auf den siedenden Schotten allenfalls einen Holzteller oder ein Scheit. Die grünweiße Schotte verdunstet und färbt sich um. Zuletzt bleibt eine klebrige braune Masse übrig, die man, so lange sie noch heiß ist, nach Belieben formen kann. Da man stundenlang sieden muss, bis so ein Kessel mit 40 bis 70 Liter Schotte verdunstet ist, braucht das Sigsieden eine Menge Holz. Man verwendet hierfür jedoch vielfach alte Knorren, die sich nicht spalten lassen. In diesem Fall leisten sie vorzügliche Dienste; denn die Schotte darf, namentlich wenn sie einmal eingedickt ist, nicht überhitzt werden. Sonst wird der Zuckerstoff verbrannt, und es gibt einen dunkelbraunen, unschmackhaften Sig ab, den man wohl noch selbst essen aber nicht aus der Hütte geben kann.«* (Zitiert aus Kurt Bracharz: Mein Appetit-Lexikon. Eine Warenkunde für Genießer, Haymon Innsbruck-Wien, 2010, Seite 265f.)

Zu bekommen ist Sig in den Frühjahrs- und Sommermonaten direkt auf den Alphöfen und in den Sennereien, wo Sig hergestellt wird. Für all jene, die nicht vor Ort sind, ist die Wälderschokolade auch über das Internet zu beziehen; zum Beispiel von Metzler Käse-Molke GmbH, Bruggan 1025, A-6863 Egg, www.molkeprodukte.com

oder auch im Bregenzerwälder Käsehaus, Hof 144, A-6866 Andelsbuch, www.kaesehaus.com
Inzwischen hat auch die gehobene Gastronomie Sig entdeckt, die sie in Form einer feinen Mousse als Dessert serviert. Die Gebrüder Bentele in Egg stellen auch eine *Gsiberger Edelpraline* her, die mit »Bregenzerwälder Milchkaramel«, das heißt mit Sig, gefüllt ist. Zu beziehen über www.gsiberger.at

Im Folgenden stelle ich Ihnen meine persönliche Version einer Sig-Mousse-Torte vor. Beachten Sie bei der Planung für die Herstellung der Torte, dass der Wiener Boden am Vortag zubereitet werden sollte. Er lässt sich dann zum Füllen der Torte besser schneiden.

Menge für eine Springform Ø 28 cm
Schwierigkeitsgrad: einfach – etwas aufwändig – anspruchsvoll
Zeitaufwand ohne Wartezeiten, Kochen, Backen: 1 3/4 Stunden

Zutaten

Wiener Boden

7	Eier
175 g	feiner Zucker
150 g	Weizenmehl, Type 405
50 g	Speisestärke
50 g	Butter

Sig-Mousse

8 Blatt weiße Gelatine
3 Eier
2 Eigelb und 2 Eiweiß
175 g Zucker
100 g Sig
1000 g Schlagsahne, gut gekühlt

Tränke

60 g Kaffeegeist, 40 %*
Fertigstellung und Dekoration
400 g Schlagsahne, gut gekühlt
8 Mokkatrüffel, halbiert

Außerdem

Backpapier für den Boden der Springform zum Backen des Wiener Bodens
1 Bogen Alufolie zum Verpacken des Wiener Bodens
1 verstellbarer Tortenring
1 Spritzbeutel mit Stern- oder Rosettentülle

Zubereitung

- Für den Wiener Boden die Eier zusammen mit dem Zucker in einen Topf mit nicht zu kleinem Durchmesser geben und bei mittlerer Hitze unter ständigem Rühren erwärmen. Dabei verflüssigt sich die Mischung etwas. Sie sollte jedoch nur handwarm werden, da die Eier bei größerer Hitze stocken.
- Die Masse in die Schüssel einer Küchenmaschine umfüllen und so lange mit dem Schneebesen schlagen, bis sie wieder kühl ist und einen guten Stand hat – das dauert 8 bis 10 Minuten. Das Ganze geht natürlich auch mit einem Handmixer.
- In der Zwischenzeit die Butter auf kleiner Hitze schmelzen, aber nicht heiß werden lassen.

- Den Ofen auf 180° C vorheizen. Den Rost auf der zweiten Schiene von unten einschieben.
- Den Bogen Backpapier auf den Springformboden legen und den Boden mitsamt dem Papier in den Springformrand einspannen. Die Ränder der Form nicht fetten!
- Das Mehl mit der Speisestärke mischen, alles auf die aufgeschlagene Ei-Zucker-Mischung sieben und vorsichtig, aber zügig mit einem Spatel unterheben – dabei so wenig Luft wie nur irgend möglich herausrühren. Gegen Ende die flüssige Butter unterziehen.
- Die Masse in die Springform füllen, glatt streichen und 30 bis 35 Minuten backen.
- Den Boden 10 Minuten ruhen lassen, dann zum Auskühlen aus der Form nehmen.
- Den vollständig abgekühlten Wiener Boden über Nacht gut verpackt in Alufolie ruhen lassen.
- Am nächsten Tag für das Sig-Mousse zunächst die Gelatineblätter in kaltes Wasser einlegen.
- Die ganzen Eier und die Eigelb mit dem Zucker über Dampf im Wasserbad schlagen, bis die Masse sämig wird.
- Sig in kleine Würfel schneiden und unter die Eier-Zucker-Masse ziehen, bis sich die »Wälder Schokolade« aufgelöst hat.
- Die Gelatineblätter gut ausdrücken und in der Masse auflösen.
- Anschließend die Masse zum Abkühlen beiseitestellen, gelegentlich umrühren.
- Die Sahne steif schlagen.

Tipp: Wenn Sie die ganze Menge auf einmal verarbeiten wollen, empfiehlt sich die Verwendung einer Küchenmaschine mit großer Rührschüssel. Wenn Sie den Handmixer nehmen, ist es meiner Erfahrung nach besser, die Menge in mindestens zwei Portionen zu teilen, da die Sahne lockerer wird, wenn man sie in kleineren Mengen aufschlägt.

Die Sahne unter die abgekühlte Masse ziehen, dann die beiden Eiweiß steif schlagen und ebenfalls unterziehen.

Zusammensetzen der Torte

- Den Wiener Boden zweimal waagerecht durchschneiden und den unteren Boden auf eine Tortenplatte legen.
- Einen verstellbaren Tortenring um den Boden stellen und zwar mit circa ½ cm Abstand zum Boden.
- Die Hälfte des Kaffeegeistes gleichmäßig über den Boden träufeln.
- Nun circa ⅓ der Sig-Mousse einfüllen, glatt streichen, den zweiten Boden auflegen, leicht andrücken und mit dem Rest des Kaffeegeistes befeuchten.
- Eine weitere Schicht Mousse einfüllen und den Deckel des Wiener Bodens mit der Oberseite nach unten auflegen, so dass die Tortenoberfläche ganz eben ist.
- Das letzte Drittel in den Tortenring geben und glatt streichen.
- Die Torte für mindestens 6 Stunden kühl stellen.

Fertigstellung und Dekoration

- Die Torte aus dem Kühlschrank nehmen, mit einem Messer am Innenrand des Tortenringes entlangfahren, den Ring öffnen und nach oben abziehen.
- Die 400 g Sahne steif schlagen, eine ausreichende Menge für die Tuffs in den Spritzbeutel füllen und mit der restlichen Sahne die Torte komplett überziehen. Nach Belieben können Sie mit einer Teigkarte mit Zackenkante den Tortenrand dekorieren.
- Auf der Tortenoberfläche 16 gleich große Stücke markieren, jeweils einen Sahnetuff aufspritzen, und auf jeden Tuff eine halbe Trüffelpraline setzen.
- Bis zum Servieren kühl stellen.

---

* Kaffeegeist erhalten Sie bei verschiedenen Brennereien. Sollte die Brennerei in Ihrer Nähe keinen Kaffeegeist im Angebot haben, können Sie ihn auch bei verschiedenen Anbietern im Internet bestellen.

Thurgauer Apfeltorte

ZUM STERNEN • BÄCKEREI-KONDITOREI-CAFÉ, CH-MAMMERN

Menge für eine Springform mit Ø 20 cm
Schwierigkeitsgrad: einfach – **etwas aufwändig** – anspruchsvoll
Zeitaufwand ohne Wartezeiten, Kochen, Backen: 1 ¼ Stunden

Bei der zeitlichen Planung für die Herstellung des Kuchens sollten Sie daran denken, dass der Streuselteig für den Kuchen einen halben Tag im Kühlen lagern muss.

Zutaten

Streuselteig

25 g Puderzucker
25 g Marzipanrohmasse, in kleine Stücke gezupft
50 g Butter, zimmerwarm
90 g Weizenmehl, Type 405
1 g Backpulver
1 TL Zitronensaft (5 g)

Mürbeteig

210 g Weizenmehl, Type 405, gesiebt
70 g Zucker
120 g Butter, kalt und in kleine Würfel zerteilt
1 Prise Salz
1 Ei
100 g Aprikosenmarmelade

Apfelfüllung

400 g	Äpfel (einer Apfelsorte, die sich zum Backen eignet wie zum Beispiel Boskoop, Cox Orange, Rubinette oder Elstar) geschält, Kerngehäuse, Stiel- und Blütenansatz entfernt und in kleine Würfel geschnitten
60 g	Sultaninen
30 ml	Rum
160 g	Schraps: zerkleinerte Kuchenreste von Biskuit, Muffins o. Ä., alternativ: Löffelbiskuits
1 TL	Zimtpulver (2 g)
80 g	Butter, flüssig und zimmerwarm
80 ml	Milch
1 TL	Zitronensaft (5 g)

Außerdem

	Mehl zum Arbeiten
	Butter für die Form
1	Bogen Alufolie zum Abdecken des Kuchens
	eventuell Puderzucker zum Bestäuben des fertigen Kuchens

Zubereitung

- Den Puderzucker, die Marzipanrohmasse und die Butter für den Streuselteig in einer schmalen hohen Rührschüssel mit den Quirlen des Handmixers schaumig aufschlagen.
- Mehl und Backpulver darübersieben und den Zitronensaft dazugeben, alles mit den Händen kurz vermischen.
- Den Streuselteig abdecken und mindestens einen halben Tag im Kühlschrank lagern.
- Im Anschluss den Streuselteig durch ein grobes Sieb drücken und die Streusel zum Antrocknen beiseitestellen.
- Die Zutaten für den Mürbeteig flott mit möglichst kühlen Händen zusammenkneten und zur Kugel geformt in Frischhaltefolie oder einen Gefrierbeutel verpackt circa ½ Stunde kühl stellen. Die Backform fetten.

- Die Apfelwürfel, die Sultaninen und den Rum für die Apfelfüllung in einer Schüssel mischen und abgedeckt circa ½ Stunde ziehen lassen.
- Den Backofen auf 180° C vorheizen, den Rost auf der untersten Schiene einschieben.
- Den Mürbeteig auf der leicht mit Mehl bestäubten Arbeitsfläche circa 3 mm dick ausrollen und die Form damit auslegen. Der Rand sollte 5,5 cm hoch sein. Den Boden mit einer Gabel stippen.
- Die Aprikosenmarmelade glatt rühren und gleichmäßig auf den Mürbeteigboden streichen. Sollte die Marmelade zu fest sein, erwärmen Sie sie etwas in einem Töpfchen.
- Für die Apfelfüllung die zerkleinerten Kuchenreste bzw. Löffelbiskuits, das Zimtpulver, die Butter, die Milch und den Zitronensaft in einer großen Rührschüssel mischen, die Apfelwürfel dazugeben und alles gründlich mit den Händen vermischen.
- Die Apfelfüllung in die Form geben und gleichmäßig verteilen. Zum Schluss die Streusel locker über die Apfelfüllung streuen.
- Den Kuchen 45 bis 50 Minuten backen.
- Hinweis: Nach 30 Minuten Backzeit den Kuchen mit dem Bogen Alufolie abdecken, um zu verhindern, dass die Streusel zu dunkel werden.
- Die Thurgauer Apfeltorte nach dem Backen noch 15 Minuten in der Form stehen lassen, dann herausnehmen und auf einem Kuchengitter vollständig abkühlen lassen.
- Nach Belieben vor dem Servieren mit Puderzucker bestäuben.

Tipp: Zur Thurgauer Apfeltorte passt hervorragend frisch geschlagene Sahne.

Träubleskuchen

KERSTIN MOCK, MARKDORF

Der Träubleskuchen ist eines der Lieblingsrezepte von Frau Mock, Erste Vorsitzende der Landfrauen, Bezirk Überlingen-Pfullendorf. Sie backt es in der dritten Generation.

Menge für eine konische Springform Ø 28/32 cm oder für eine Backform mit geradem Rand Ø 30 cm
Schwierigkeitsgrad: einfach – etwas aufwändig – anspruchsvoll
Zeitaufwand ohne Wartezeiten, Kochen, Backen: 50 Minuten

Zutaten

Mürbeteigboden

300 g Weizenmehl, Type 405, gesiebt
100 g Zucker
1 Prise Salz
1 Ei
200 g Butter, gekühlt und in kleine Würfel geschnitten

Belag

700 g (bis 1000 g) rote Johannisbeeren
6 Eiweiß – die Eigelb anderweitig verwenden
200 g (bis 250 g) Zucker
125 g Haselnusskerne, gemahlen

Außerdem

Mehl zum Arbeiten
Butter für die Form

Zubereitung

- Die Zutaten für den Mürbeteig rasch mit möglichst kalten Händen zusammenkneten und zur Kugel geformt in einen Gefrierbeutel oder in Folie verpackt 1 Stunde kühl stellen.
- In der Zwischenzeit die Johannisbeeren mit kaltem Wasser kurz abbrausen und mit Küchenkrepp trockentupfen. Die Beeren von den Rispen abziehen und in einer Schüssel beiseitestellen.
- Den Backofen auf 180° C vorheizen, den Rost auf der untersten Schiene einschieben. Die Backform fetten.
- Den Mürbeteig auf einer dünn mit Mehl bestäubten Arbeitsfläche ausrollen und die Form damit auskleiden, dabei einen circa 3 cm hohen Rand formen. Den Boden mit einer Gabel stippen.
- Das Eiweiß in einer Schüssel sehr steif schlagen, den Zucker einrieseln lassen und weiterschlagen, bis die Masse ganz fest ist und glänzt.
- Die gemahlenen Haselnüsse und zum Schluss die Johannisbeeren von Hand mit einem Teigspatel unter den Eischnee heben.
- Die Johannisbeermasse gleichmäßig auf dem Mürbeteigboden verteilen.
- Den Kuchen 60 Minuten backen.
- Den Kuchen aus dem Ofen nehmen und für einige Minuten in der Form stehen lassen, dann herausnehmen und völlig abkühlen lassen.
- Schmeckt ganz frisch am besten.

Walnusstarte

Menge für eine Spring- oder Tarteform Ø 26 cm
Schwierigkeitsgrad: einfach – etwas aufwändig – anspruchsvoll
Zeitaufwand ohne Wartezeiten, Kochen, Backen: knapp 45 Minuten

Zutaten

Mürbeteig

180 g Weizenmehl, Type 405
75 g Zucker
1 Prise Salz
100 g Butter, kalt und in kleine Würfel zerteilt
1 Ei

Belag

300 g Walnusskerne, gemahlen
150 g Zucker
1 gestrichener TL Zimtpulver
250 g Crème fraîche
Puderzucker zum Bestäuben

Außerdem

Butter für die Springform
eventuell Puderzucker zum Bestäuben des Kuchens

Zubereitung

☛ Die Zutaten für den Mürbeteig rasch mit möglichst kalten Händen zusammenkneten. Den Teig zur Kugel formen, und die Teigkugel

in Frischhaltefolie oder einen Gefrierbeutel verpackt 1 Stunde im Kühlschrank ruhen lassen.

- Den Backofen auf 175° C vorheizen, den Rost auf der zweiten Schiene von unten einschieben. Die Backform fetten.
- Den Teig auf der mit Mehl bestäubten Arbeitsfläche auf etwas über Formgröße ausrollen und in die Form legen. Dabei einen Rand von circa 2 cm formen. Sollte sich der Teig nicht gut auswellen lassen, drücken Sie ihn mit der flachen Hand in die Form. Den Teigboden mit einer Gabel stippen.
- Die gemahlenen Walnusskerne, den Zucker und das Zimtpulver in einer Schüssel mischen. Die Crème fraîche dazugeben und rühren, bis die Masse geschmeidig wird.
- Die Nussmasse auf den Mürbeteigboden geben und glatt streichen.
- Den Kuchen 40 bis 45 Minuten backen.
- Nach dem Backen den Kuchen noch 10 Minuten in der Form stehen lassen, dann aus der Form nehmen und auf einem Kuchengitter vollständig abkühlen lassen.
- Nach Belieben vor dem Servieren mit Puderzucker bestäuben.

Tipp: Eine ganz einfache, aber wirkungsvolle Dekoration erzielen Sie, indem Sie ein Blatt Papier in Streifen schneiden und diese in beliebigem Muster auf den Kuchen legen. Puderzucker in ein Sieb geben, darüberstäuben und die Papierstreifen vorsichtig abnehmen.

Zwetschgentorte

Menge für eine Springform mit Ø 26 cm

Schwierigkeitsgrad: einfach – etwas aufwändig – **anspruchsvoll**

Zeitaufwand ohne Wartezeiten, Kochen, Backen: 1 3/4 Stunden

Am besten bereitet man den Haselnussbiskuit am Vortag zu, da er sich dann besser schneiden lässt.

Zutaten

Haselnussbiskuit

5	Eier, getrennt
1	Prise Salz
100 g	Zucker
1	Päckchen Vanillezucker (8 g)
1 EL	Rum (15 g)
150 g	Haselnüsse, gemahlen
4 EL	Biskuitbrösel (30 g) – von einem Biskuitboden oder von Löffelbiskuits
1/2 TL	Backpulver (2 g)
1	Messerspitze Muskatnuss

Füllung

500 g	Zwetschgen
50 g	Zucker
1	gehäufter EL Speisestärke (15–20 g)
1/2 TL	Zimtpulver
2 EL	Zwetschgenwasser (15 g)
400 g	Sahne, gut gekühlt
2	Päckchen Vanillezucker (16 g)
2	Blatt weiße Gelatine

Dekoration

400 g Sahne, gut gekühlt
Zimtpulver zum Bestäuben der Sahnetuffs
nach Belieben einige Zwetschgen für die Deko
50 g Mandelblättchen, in einer Pfanne ohne Fett goldgelb geröstet

Außerdem

Backpapier für den Formboden
Alufolie zum Einpacken des Haselnussbiskuits
1 Tortenring
1 Spritzbeutel

Zubereitung

- Am Vortag: Den Backofen auf 180° C vorheizen, den Rost auf der zweiten Schiene von unten einschieben. Den Boden der Springform mit einem Bogen Backpapier belegen und in den Formrand einspannen.
- Für den Haselnussbiskuit das Eiweiß mit der Prise Salz aufschlagen, den Zucker mit dem Vanillezucker einrieseln lassen und weiterschlagen, bis der Schnee ganz steif ist und glänzt.
- Den Rum unterrühren.
- Das Eigelb kurz verquirlen und unter den Eischnee ziehen.
- Die gemahlenen Haselnüsse, die Biskuitbrösel, das Backpulver und die Messerspitze Muskatnuss mischen und von Hand mit einem Teigspatel unter die Ei-Zucker-Masse heben.
- Den Teig in die vorbereitete Form füllen und glatt streichen.
- Den Biskuit 25 bis 30 Minuten backen. Die Stäbchenprobe machen.
- Den Boden nach dem Backen noch 10 Minuten in der Form stehen lassen, dann aus der Form lösen, das Backpapier abziehen und den Boden auf einem Kuchengitter abkühlen lassen.
- Den abgekühlten Haselnussbiskuit in einen Bogen Alufolie einschlagen.
- Am nächsten Tag: Die Zwetschgen waschen, entsteinen und vierteln, je nach Größe auch in sechs Teile schneiden. Mit dem Zucker gründlich vermischen, abdecken und zum Saftziehenlassen 1 bis 2 Stunden beiseitestellen. Ab und zu umrühren.
- Die Zwetschgen in einen Topf geben, dabei einen Teil des Safts in einem Schüsselchen auffangen. Die Zwetschgen bei mäßiger Hitze weichdünsten.
- Den aufgefangenen Saft mit der Speisestärke glattrühren, in die Zwetschgenmasse rühren und diese einmal aufkochen lassen. Zum Abkühlen in eine Schüssel umfüllen und Zimt und Zwetschgenwasser unterrühren.

Zusammensetzen der Torte

- ☛ Den Boden einmal quer durchschneiden. Den unteren Teil auf eine Tortenplatte legen und einen Tortenring um den Boden spannen.
- ☛ Die 400 g Sahne für die Füllung in einem gekühlten Rührbecher mit dem Vanillezucker steif schlagen.
- ☛ Die Gelatineblätter in einem tiefen Teller oder einer flachen Schüssel in kaltem Wasser einweichen. Die eingeweichte Gelatine ausdrücken und in einem kleinen Töpfchen bei mäßiger Wärme flüssig werden lassen. Sobald sie flüssig ist, 2 EL der steifgeschlagenen Sahne flott unterrühren und diese Masse dann zügig unter die übrige Sahne heben.
- ☛ Etwa die Hälfte der Sahne auf den Tortenboden streichen, zum Rand hin etwas nach oben streichen. Die Zwetschgenmasse daraufgeben und glatt streichen. Mit der übrigen Sahne bedecken.
- ☛ Die andere Hälfte des Biskuits auflegen und leicht andrücken.
- ☛ Die Torte für mindestens 2 bis 3 Stunden kühlen.
- ☛ Den Tortenring entfernen.
- ☛ Die Sahne für die Deko steifschlagen. Einen Teil der Sahne für die Tuffs in einen Spritzbeutel füllen. Mit dem Rest der Sahne die gut gekühlte Torte gleichmäßig überziehen. Mit einem langen Messer oder einem Stückemarkierer die Kuchenstücke einzeichnen.
- ☛ Den Tortenrand mit den Mandelblättchen bedecken und auf jedes Tortenstück einen Tuff aufspritzen. Die Tuffs mit wenig Zimtpulver bestäuben. Eventuell die Torte zusätzlich mit geviertelten Zwetschgen dekorieren.
- ☛ Die Torte bis zum Verzehr kalt stellen.